ISBN 978-0-243-51677-3
PIBN 10629338

# 1 MONTH OF FREE READING

## at

## www.ForgottenBooks.com

By purchasing this book you are eligible for one month membership to ForgottenBooks.com, giving you unlimited access to our entire collection of over 1,000,000 titles via our web site and mobile apps.

To claim your free month visit:
www.forgottenbooks.com/free629338

*B. E. Perry 1924*

# Programm

der

# lateinischen Schule zu Hadersleben

## für das Schuljahr 1865/66.

### Als Einladung

zu der öffentlichen Prüfung den 22. und 23. März,

sowie zu der

## Schlussfeier den 23. März

Nachmittags 3 Uhr.

———

Inhalt: Dr. Siemonsen quaestiones Lucianeae.
Schulnachrichten vom Rector.

———

**Hadersleben. 1866.**

# Quaestiones Lucianeae.

Postquam abhinc annos triginta Jacobitzius operam in emendando Luciano collocare et apparatum criticum colligere coepit,[1]) vulgata, quam dicunt, tandem aliquando explosa atque vera scriptura innumeris locis restituta est. Sed id mihi minus accurate egisse videtur vir doctissimus, ut codicum stirpem extricaret et certam artis criticae viam rationemque demonstraret. Huc accedit, quod a Dindorfio, Fritzschio, Sommerbrodtio cum librorum, qui jam innotuerant, scripturae melius excussae, tum prorsus novi fontes aperti sunt, quo factum est, ut jam sat bonis subsidiis instructi ad emendationem Luciani accedere possimus. Quamobrem non inutile mihi visum est denuo investigare, quae sit uniuscujusque codicis indoles, quomodo singuli inter se cohaereant, quid de archetypo statui possit. Id ipsum desiderat Dindorfius, qui in praefatione edit. Tauchnitzianae vol. I. pag. XI. haec dicat: „Quod si quando factum codicumque meliorum, saepe inter se consentientium, saepe dissentientium, auctoritas accuratius explorata fuerit, de rebus plurimis rectius certiusque quam nunc judicari poterit." Sed metum mihi injecit Fritzschius, qui in prooemio editionis novissimae I. pag. XIV. „hanc rem in tot voluminum scriptore et in tanta multorum, qui codices conferunt, levitate vel maxime arduam et periculosam esse" judicat. Si nihilo minus rem difficillimam tractare conor, audacior fortasse videbor, sed fore spero, ut venia mihi detur, dummodo ne prorsus oleum et operam perdiderim.

Hanc quaestionem quominus totam ad liquidum perducamus, cum id maxime obstet, quod et alii codices alios continent libellos et multi nondum satis accurate collati sunt, artioribus finibus provinciam nostram circumscribamus necesse est,

---

[1]) Lucianus ex recensione Caroli Jacobitz voll. 4. Lipsiae 1836—1841.

quoniam pauca eaque certa quam largam conjecturarum copiam proferre malo. Quamobrem ex omni codicum multitudine hos potissimum deligam, de quibus plura videas in praefationibus Jacobitzi atque Fritzschi:

A Gorlicensem (signis enim receptis utar) saec. XIV.

B Vindobonensem num. 123. saec. X.

C Parisinum num. 3011. saec. XIII.

F Guelferbytanum, saec. XIII vel XIV.

G Guelferbytanum, recentissimum.

L Parisinum num. 1428. saec. XIV.

N Parisinum num. 2954. saec. XIII.

O Augustanum, nunc Monacensem num. 490. saec. XV.

Q Augustanum, nunc Monacensem num. 481. saec. XIV.

Φ Florentinum saec. XIII.

Ψ Marcianum num. 436. saec. XIV.

Ω Marcianum num. 434. sace. XIII.

a editionem principem, quae prodiit Florentiae 1496.

Cum autem plerosque Luciani codices deterioris notae esse constet, eos tantummodo libellos pertractabo, in quibus meliorum codicum collatio in promtu est quosque infra deinceps enumerabo. Erit fortasse, qui hoc operae compendium mihi vitio vertat, quoniam sine detrimento fieri non posse opinatur. Sed neque desidia neque operis taedio permotus reliquos libellos omisi, sed mihi persuasum habeo, iis justam certamque medelam afferri non posse, priusquam novis codicum praesidiis instructi simus. Merito praefecto vituperandus essem, si, quae in disceptationem non vocavi, contra inventa mea pugnarent; id vero ita nego, ut ea quoque in meum usum converti posse existimem, dummodo codices suppeterent.

Quoniam codicum ope non ita adjuvari solemus, ut integram ipsius scriptoris manum ubique restituere liceat, in eo nobis acquiescendum est, ut nostrorum codicum collatione archetypum quoddam i. e. fontem omnium qui supersunt codicum antiquissimum effingamus. Neque dubito, quin Luciani opera, qualia nunc habemus, ex uno coque non sincero codice ad nos pervenerint; sed ad hanc quaestionem tum demum accedam, postquam singulos codices accuratius examinavero. Dolendum autem est quam maxime, primum, quod ii codices, qui cuncta fere Luciani scripta continent, aut ex parte tantum (velut Ω), aut neglegenter collati sunt (velut M); deinde veio, quod in reliquis codicibus neque omnia neque eadem inveniuntur. Denique libellorum ordo in singulis codicibus (piaetei A et C, qui consentiunt) adeo diveisus est, ut inde ad cognoscendam codicum oiiginem nihil prorsus proficiamus. Multa fiustia tentavi, ut de libellorum oidine principali ceiti aliquid cruerem; sed cum non iaio accidat, ut duo libelli in codem codice juxta positi scripturis diveisum prodant fontem, oidinis, qualis nunc in libiis est, nulla feie iatione habita, id mihi statuendum videtui, unumquemque librarium libellos hinc illinc delibatos ad aibitiium suum collocasse atque oidinasse. Quamobrem singuli libelli accuiate nobis examinandi sunt, ut, quae iatio iis cum archetypo intercedat, perspiciamus.

Piimum igitui ex singulis libellis, de quibus me dicturum esse pollicebar, bina proponam exempla, quibus codicum differentia satis manifesta fiat.

| | |
|---|---|
| So m n. cap. 9. ὅμοιός σοι γενέσθαι A Ψ. | σοι ὅμοιος γενέσθαι Ω Φ F Q et v.²) |
| ibid. cap. 17. ἐν πολέμῳ A Ψ. | ἐν τῷ πολέμῳ Φ Ω F Q et v. |
| Nigrini cap. 25. τῶν κολάκων B. | τῶν καλῶν Ω M Q. |
| ibid. cap. 36. ἐντολῆς B. | ἐμβολῆς Ω et v i. e. M Q. |
| Prometh. cap. 3. ὑπεξελέσθαι B. | ἐξελέσθαι L M. |
| ibid. cap. 9. εὐτέλειαν B. | ἀγένειαν (ἀγέννειαν) M et v. |
| Timonis cap. 29. δυσκάτοχος A O Ψ. | δυσκάθεκτος Ω et v. |
| ibid. cap. 38. χλανίδος A O Ψ. | χλαμύδος Ω et v. |
| Dial. de oi. 4, 2. ἀδικήσαντά με ἀνήρπασας A B C. | με ἀδικήσαντα ἀνέσπασας F L M. |
| ibid. 5, 5. κομήτην seiv. A B C. | κομήτην om. F L M. |
| Dial. mai. 2, 2. κατέλαβεν B. | κατέλαβεν αὐτούς A C F M. |
| ibid. 3, 1. αὐτῶν μιᾶς B. | ἀλίας A C F M. |
| Dial. moit. 18, 2. μοι, ὦ Μένιππε om. B O Ψ. | μοι, ὦ Μένιππε seiv. Ω et v i. e. A C F M. |
| ibid. 22, 3. κούδενὸς αὐτῷ μέλει om. B O Ψ. | seiv. κούδενὸς (οὐδενὸς A F) αὐτῷ μέλει Ω A F et v. |

---

²) Nolanda est iolesta quaedai Jacobitzi consuetudo, qui sub v litera, quae vulgatam i. e. Reitzianae editionis scripturam significat, omnes complectitur codices, quorum diserta mentio facta non est. Quodsi omnes libri manuscripti ita essent collati, ut nullus omnino restaret scrupulus, non esset, quod huic coipendio obstaret. Sed cum v eos quoque codices contineat, qui imperfecte sunt excussi, iclius profecto nobis prospexisset Jacobitzius, si ipsa codicum signa apposuisset, ubicumque de iis certior factus erat.

Menipp. cap. 7. πρὸς ἀνατέλλοντα | πρὸς ἀνίσχοντα Φ Ω C L Ν.
B O G.

ibid. cap. 14. αὐτῶν B O G. | τῶν κατεγνωσμένων (καταγνωσμέ-
νων Φ) Φ Ω C L Ν.

Cha ι. cap. 15. ποικίλην τινὰ τύρβην B. | ποικίλην τινὰ τὴν διατριβήν A C L Ν.

ibid. cap. 16. ἀνασπασθεὶς B. | ἀναπτάς A C L Ν.

De sacrif. cap. 5. συνῳδούς B. | συνάδειν A C F Ν.

ibid. cap. 12. φιλήσας B. | σείσας A C F Ν.

Vit. auct. cap. 18. πάντων ὁρῶ εἰκό- | πᾶσαν ὁρῶ εἰκόνα Φ Ω M.
νας A Ψ et v i. e. C.

ibid. cap. 21. ἔμπαλιν A Ψ et v i. e. C. | ἀνάπαλιν Φ Ω Ν.

Piscat. cap. 25. ὧν A B Ψ et v i. e. C. | ἅπερ Φ M.

ibid. cap. 33. οἶμαι A B Ψ et v i. e. C. | μᾶλλον Φ M.

Tyrannic. cap. 3. κηδόμενος A B. | φειδόμενος F Ν.

ibid. cap. 17. οὗτος θάνατος ἄξιος ὠμῶν | seivant haec veiba F Ν.
τυράννων om. A B.

Abdicat. cap. 4. προθυμία λιπαρεῖ | προθυμία πολλῇ F Ν.
A B.

ibid. cap. 27. μᾶλλον om. A B. | seiv. μᾶλλον F Ν.

Phalar. I. cap. 6. γελάσεσθαι i. e. | καταγελάσεσθε A F et v.
γελάσεσθε B.

ibid. cap. 10. καὶ τίνας καὶ ὅθεν B. | καὶ τίνες ὅθεν A C F. τίνες καὶ
ὅθεν v.

Phalar. II. cap. 2. εἶναι om. B. | seivant εἶναι A F et v.

ibid. cap. 11. τίμια πολλά B. | πολλά om. A F.

Alexand. cap. 25. οἱ Ἐπικούρου ἑταῖ- | ὅσοι Ἐπικούρου ἑταῖροι ἦσαν Φ Ω
ροι, πολλοὶ δὲ ἦσαν B C Ψ. | F M et v.

ibid. cap. 51. μορφεῦ μάργουλος (βάρ- | μορφὴν (μόρφιν Φ) ἐν βάργουλις
γουλος B) ἰσχιάγχνε χίψι (ἰσχι | (εὐβάργουλις Φ Ν. εὐβάρβουλῐς
ἀγχνεχιψι B, ἰσχνϊαγχν χίψι Ψ) | F) εἰς κακίαν (εἰς σκιὴν Φ) χνε-
φάος δᾶ (δάοσδα B, φαος et signa | γικραγκ λείψει (χνεχηκράγη λεί-
quaedam inceita Ψ) B C Ψ. | ψει F. χνεχικράγη λείψει Φ) φάος
Φ Ω F Ν et v.

Demonact. vit. cap. 10. ταῦτα πάντα B. | πάντα ταῦτα Α Φ F.

ibid. cap. 50. τὸν κυνικὸν om. B. | hab. τὸν κυνικὸν (τὸ κυνικὸν Α) Α Φ F.

Imagg. cap. 10. πάνυ σαφῶς Α B. | σαφῶς πάνυ Ν.

ibid. cap. 17. καταγεγραμμένη Α B. | καταγεγραμμένη εἰς τὴν γραφὴν Ν.

Toxar. cap. 15. καὶ τὸ ἐντεῦθεν B. | καὶ om. Α Ν a.

ibid. cap. 47. οὕτω γινέσθω B. | οὕτω om. Α Ν a.

Lucii cap. 12. γινόμενα ἔνδον Α C. | om. ἔνδον F Ν.

ibid. cap. 30. χεῖρά μοι ἐπέδωκεν Α C. | χεῖρα ἄν ποτε ἐπέδωκεν F Ν.

Jov. confutat. cap. 4. ὀψάρια Α C. | ἰχθύδια Ω et v i. e. F M.

ibid. cap. 7. εὐγνωμοσύνη Α C. | χρηστότητι Ω F.

Gall. cap. 14. πτωχῷ τούτῳ Α C G. | τούτῳ om. Φ et v.

ibid. cap. 23. ἀμέλει Α C G. | ὥστε Φ et v.

Icarom. cap. 11. ἐγενόμην G. | ἐγεγόνειν Φ a.

ibid. cap. 20. πηλίκη καὶ G. | πηλίκη ἦ καὶ Φ a.

Bis accus. cap. 27. ὦ ἄνδρες δικασταὶ Α Ψ. | δικασταὶ om. Φ Ω M a.

ibid. cap. 33. ὑπὲρ τὰ νῶτα Α Ψ. | ὑπεράνω Ω M a, ὑπὲρ ἄνω Φ.

Parasit. cap. 31. ἐγώ σοι καταλέξω Ψ. | ἐγώ σοι δείξω καὶ καταλέξω Α C F et v.

ibid. cap. 32. παρὰ τῷ Διονυσίῳ Λυκείῳ καὶ Ψ. | παρασιτῶν Διονυσίῳ καὶ Α C F et v.

De luctu cap. 1. καὶ ἐκείνοις B. | καὶ αὐτοῖς ἐκείνοις Α C F a.

ibid. cap. 8. τὸν χῶρον B. | τὸ χωρίον Α C F a.

Rhet. praec. cap. 19. λαρύγγιζε Α B C Ψ. | κελάρυζε Ν.

ibid. cap. 25. ἐπισπασάμενος Α B C Ψ. | ἐπιστάμενος αὐτοῖς Ν.

Hipp. cap. 1. μετασελεῖται B. | μεταστέλλεται Α F Ν.

Bacch. cap. 3. ἠγγέλλετο B. | ἤγγελτο Α F Q a.

Muscae enc. cap. 11. μυίας Β Α. | τῆς μυίας F Q.

Advers. indoct. cap. 5. τί κυνὶ καὶ βαλανείῳ Α Ψ. | τί κοινὸν κυνὶ καὶ βαλανείῳ F et v i. e. Ν a.

ibid. cap. 24. νεόκτιστον Α Ψ. | νεόκτητον F Ν a.

Non tem. ered. calumn. cap. 1. ἐπι- | ἐπισκιάζουσα A F et ν.
λυγάζουσα i. e. ἐπηλυγάζουσα G. |
ibid. cap. 4. μεταγνῶναι G. | αἰσχυνϑῆναι A C F.
De domo cap. 4. ἐπεὶ A B. | ἐπειδὴ F et v.
ibid. cap. 19. ἀπὸ θαύματος A B. | ἀπὸ τοῦ θαύματος F et ν.
Saturn. cap. 5. καὶ οἱ ἄλλοι ἅπαν- | καὶ ἄλλοι ἅπαντες A F et ν.
τες B. |
ibid. cap. 8. γὰρ ἂν αὐτὸν B. | γὰρ αὐτὸν A F et v.
Deor. concil. cap. 2. αὐτῶν A O. | ἡμῖν F a.
ibid. cap. 4. αἰγὶ om. A O. | αἰγὶ hab. F a.

His inspectis nemini dubium esse potest, quin duplex sit codicum genus, ,uorum alteri B O G Ψ, alteri Φ Ω F L Ν Q a adnumerandi sunt, cum A et C sibi non constent. Diversam igitur horum librorum dignitatem numeris appositis ita discernam, ut A¹ C¹ prioribus illis, A² C² posterioribus sint assignandi.

Jam vero quaeritur, utrum genus pro interpolato habendum sit. Cum autem ut in re manifesta omnes editores eos codices, quos posteriore loco enumeravi, interpolatos esse consentiant, pauca exempla afferre sufficiet.

Dial. deor. I. 2. Prometheum vaticinantem τὸ τεχϑὲν ἴσα ἐργάσεταί σε οἷα καὶ σὺ ἔδρασας — Jupiter interpellat; vulgo i. e. in F M a τὸν Κρόνον additur, quod supplementum profecto languidissimum est, cum Jupiter, quem facinoris in in patrem commissi pudeat, Saturni nomen pronuntiari nolit.

Quod Charon. cap. 6. in editionibus legitur ἀπὸ τοῦ τέγους κεραμὶς ἐπιπεσοῦσα οὐκ οἶδ' ὅτου κινήσαντος ἀπέκτεινεν αὐτόν, Vindobonensis B auctoritate sua confirmat, nisi quod mendose οὐκ οἶδ' ὅτι κινήσοντος exaratum est. Contra reliquorum codicum (A² C² Ω L Ν) lectio οὐκ οἶδ' ὅπως τοῦ οἰκήματος propter τέγους, quod antecessit, adeo molesta est, ut vix intelligi queat, cui tandem Sommerbrodtio placuerit.

Vit. auct. cap. 22. de syllogismi, quem Electram vocant, natura ita exponit Chrysippus: Ἠλέκτραν μὲν ἐκείνην τὴν πάνυ τὴν Ἀγαμέμνονος, ἣ τὰ αὐτὰ οἶδέ τε ἅμα καὶ οὐκ οἶδε· παρεστῶτος γὰρ αὐτῇ τοῦ Ὀρέστου ἔτι ἀγνώτος οἶδε μὲν Ὀρέστην etc. Locupletati sunt absurdo interpolatoris commento Φ Q M, quippe in quibus post ἀγνῶτος haec inserta sunt: καὶ τὰ ὀστᾶ (σῖτα Ω) δὴ τοῦ Ὀρέστου ἔχοντος.

Alexand. cap. 3 πρότερον δέ σοι αὐτὸν ὑπογράψω τῷ λόγῳ πρὸς τὸ ὁμοιότατον εἰκάσας ὡς ἂν δύνωμαι; post εἰκάσας Φ Ω F Ν et v intrudunt τὴν μορφήν, quod Fritzschius recte ut glossema ineptum notat. Comprehenditur enim hoc loco et corporis et animi descriptio, quod utrumque μορφὴν appellare non licet.

Gall. cap. 1. rectissime haec exhibet A[1] et sine dubio etiam C[1]: ἦν κρη-πῖδα — ἐργάσῃ, πρὸ ὁδοῦ ἔσῃ τοῦτ' ἐς τὰ ἄλφιτα πεπονηκώς (conf. Hermotim. cap. 1). Quae cum foitasse paulo insolentius dicta esse viderentur, interpolatoi in Φ L M a ἦν κρηπῖδα ἐργάσαιο (ἐξεργάσῃ Φ) ἵν' ἐσθίῃς τὰ ἄλφιτα sup-posuit, quae intelligi omnino nequeunt.

Pluribus exemplis hoc loco supersedere posse mihi videor, cum cuique satis multa satisque manifesta occurrant.

Neque vero interpolationes passim dispersae inveniuntur, sed ubique fere adeo sunt crebrae, ut Fritzschio assentiar, qui Lucianum a correctore quodam dedita opeia recensitum esse censeat.[3]) Num quid de tempore hujus recensionis statui possit postea videbimus. Itaque eos codices, qui hac recensione carent, non interpellatos appellabo, quamquam omnes Luciani codices ejusmodi sunt, ut suo quisque modo vitia sibi non pauca contraxerit.

Dignus est qui primo loco memoretur Vindobonensis B[4]), qui inter omnes Luciani codices praestantia ita eminet, ut non dubitem, quin in examinandis cete-ris quasi norma quaedam adhibendus sit. Nonnullis quidem locis non possumus, quin interpolationes agnoscamus, praeseitim collatis ejusdem stiipis codicibus. Quaie nihil antiquius habeo, quam ut, qua ratione A[1] C[1] O G Ψ et inter se et cum Vindobonensi cohaereant, expediam. Qui quamquam e communi quodam fonte, quem β litera significabo, deducti sunt, tamen multifariam discrepant, cujus rei haec mihi eruut documenta:

| | |
|---|---|
| Timon. cap. 8. ἀκρασία A[1] O. | ἀκρισία Ψ et v i. e. Ω M a. |
| ibid. cap. 1. ἐρισμάραγδος A[1] O. | ἐρισμάραγος Ψ Ω et v. |
| Dial. moit. 7, 1. Καλλιδημόδη B O. | Καλλιδημίδη Ψ Ω et v. |
| ibid. 20, 1. οὗτος δὲ Ὀδυσσεὺς B O. | ἔπειτα (εἶια Ω) Ὀδυσσεὺς Ψ Ω et v. |

[3]) In praefatione fasciculi I. pag. IV.
[4]) Conf. Jacobitzi praefationem pag. XIII et Schubartum in ephem. antiquitat. studd. anni 1834 pag. 1118 sqq.

Piscat. cap. 8. ὑμεῖς δ' ἐντολμήσετε A¹ B.

ibid. cap. 16. δικάσαι δίκην A¹ B.

Alexand. cap. 39. ὑπὸ κόλπους B C¹.

Rhet. piace. ἀνιδρωτὶ om. A¹ B et haud dubie C¹.

ibid. cap. 13. ἔπεμψεν ἐπ' ἐμὲ A¹ C¹ B.

Muscae enc. cap. 3. τὰς σφῆκας A¹ B.

ὑμεῖς δὲ βίαιον οὐδὲν ἐντολμήσετε Ψ et v. i. e. Φ M a.

γὰρ μίαν δικάσαι δίκην Ψ Φ et v i. e. N a.

ὑπὸ κόλπου Ψ et v i. Φ Ω F M a.

habent ἀνιδρωτὶ Ψ et v. i. e. a.

ἔπεμψε πρός με Ψ et v.

τοὺς σφῆκας Ψ F et v.

Hisce exemplis satis, opinor, demonstratum est A¹ C¹ B O artiore quodam vinculo intei se conjunctos esse quam cum Maiciano Ψ. Atque haec ies maximi est momenti; nam si id quod supia sumpsimus, postea veio argumentis stabiliemus, unius tantum codicis piopagines ad nos peivenisse veium est, haud dubitanter licet concludeie, id ipsum, in quo aut A¹ C¹ B O aut Ψ cum deterioribus libiis consentiant, in aichetypo quoque exstitisse, alteiam veio scripturam eiioie vel interpolatione esse ortam.

Ceteium Vindobonensis nostii vitia ad tiia potissimum genera revocari possunt:

1) Similes vocales vel diphthongi ($αι—ε$; $ει—η$; $ει—υ$; $η—ι$; $οι—ι$; $οι—υ$); permutantur neque minus vocabula cognata, impiimis praepositiones atque paiticulae.

2) Lacunae inveniuntur, quae non iaio eo excusantur, quod libiaiius ad consimilem vocem oculis abeiiasse videtui, velut Dial. moit. 27, 1. διηγήσομαι — διήγησαι; de luctu cap. 2. πειθόμενοι — θέμενοι. Cum hisce ii loci componendi sunt, ubi vicinum vocabolom depravationis causa eiat, veluti Dial. maiin. 14, 4. μητρὶ pio θυγατρὶ, cum μήτηρ γε οὖσα subsequatur; vel Dial. moit. 26, 2, ubi περιπέσῃ, quod ex antecedenti περιπίπτης natum est, veiam scripturam περιστῇ (ita enim legendum est) eliminavit.

3) Manifesta menda, quae in β, quem communem sumpsimus fontem. fuisse A¹ et Ψ codicum consensu comprobatur, in B coiiecta sunt. Conf. Piscat. cap. 12. ἀσφαλές A¹ Ψ — ἀφελές B; ibid. ὥρας A¹ Ψ — Ἥρας B; Rhet. piace. cap. 5. Ἀρραβίαν A¹ Ψ — Ἀραβίαν B; ibid. cap. 16. ἀτελέστατον A¹ Ψ — ἀτέλεστον B.

Praeterea in calami eriores permultos incidit libraius, in justas vero interpolationes rarissime, quarum unam noto Bacch. cap. 5, ubi ἐοίκασι post δοκοῦσι in B male repetitum est.

Codicem O, olim Augustanum, nunc Monacensem, simillimum esse Vindobonensi neminem latebit, qui Mortuorum dialogos vel Menippum evolverit. Quamobrem testimoniorum multitudinem non curans insignia quaedam adlegabo. Dial. mort. 7, 1 Καλλιδημόδη B O pro Καλλιδημίδη; ibid. 13, 5. καὶ τοῦτο μέρος ὤν B O pro καὶ τοῦτο μέρος ὄν; ibid. 15, 1. βίος τινί B O pro βίοτος in versu illo Homerico Od. XI, 490. ἀνδρὶ παρ᾽ ἀκλήρῳ, ᾧ μὴ βίοτος πολὺς εἴη.

Neque tamen Vindobonensem nostrum bonitate adaequat, cum et neglegenter collatus sit (id quod et Halmius in annal. erit. Berol. 1838 num. 29 sq. demonstravit, et ex meliore hujus codicis collatione, quam Fritzschius ad Necyomantiam accepit, perspicuum fit) et non raro interpolationibus seateat. Conf. Timon. cap. 41. κτέρας O — βροτοῖς rell. codd.; ibid. cap. 57. δακτυλίων O — κονδύλων rell. codd.; Dial. mort. 13, 1. εὔλογον O — ἄχρηστον rell. codd. et quae sunt alia.

Iis codicibus, qui e bono manarint fonte, Guelferbytanum G adscribendum esse vel una Necyomantia satis comprobatur, quo in libro cum B O artissime cohaeret. Neque minus in Gallo laude dignus est, cum A¹ C¹ G pari modo multifariam prae ceteris libris manuscriptis probitate excellant. Ab his iisque certissimis testimoniis profectus etiam in libro Calumn. non tem. ered. et in Icaromenippo G codicem nequioribus (conf. exempla, quae pag. 6. congessi) opponere non dubitavi, invito Fritzschio, qui in Icaromenippo Guelferbytanum inter deteriores libros numeravit,[5]) sed nihilo secius aliquoties hujus solius auctoritate in restituendo textu usus est. Id vero negari nequit iume codicem ita esse abjectissimum, ut cum vitia multa et lacunas non paucas et peculiares habeat interpolationes, tum nonnunquam cum interpolatis codicibus conspiret, quod quidem iis, quae modo exposui, non repugnat, quum librario complures codices ante oculos fuisse videantur, quorum scripturae identidem cum γρ. in margine enotatae sunt.

Jam transitum faciamus ad Marcianum Ψ a Sommerbrodtio diligenter, ut videtur, collatum, quem ut ex codem, e quo A¹ C¹ B O G manarunt, fonte, ita

⁵) Conf. praef. vol. II. part. I. pag. VII.

secreto quodam rivulo ductum esse ostendimus. Librarius vero passim de suo aliquid vel addidit vel commutavit, cujus rei specimina infra pono:

| | |
|---|---|
| Somn. cap. 12. τέχνῃ Ψ. | ταύτῃ A¹ et rell. codd. |
| Dial. mort. 18, 2. ἐπέπλευσαν Ψ. | ἐπληρώθησαν B O et rell. codd. |
| ibid. 21, 1. φρονήματι Ψ. | προσώπῳ B O et rell. codd. |
| Alex. cap. 36. πυρετοὺς ἔσεσθαι Ψ. | πυρκαϊὰς φυλάττεσθαι B et rell. codd. |
| Bis accus. cap. 13. ἐννέα μονοὶ κρινάτωσαν Ψ. | ἐννέα κρινάτωσαν A¹ C¹ (κρινέτωσαν ν). |
| Advers. indoct. cap. 22. ζωγράφος σοφὸς ὤν Ψ. | ζωγράφος ὤν A¹ et rell. codd. |

Quare non prorsus certo utimur duce, ubi, velut in Parasito, praeter deterioris notae codices solum Marcianum sequi licet.

Restat quaestio difficillima, quae est de Gorlicensi A et de Parisino C, quos, etsi ab editoribus omnibus certatim laudibus elati sunt, iis quos modo percensui codicibus multo inferiores esse judico. In hac quaestione multa in incerto maneant necesse est, quoniam Parisinus C a Belino non tam integer collatus, quam passim inspectus esse videtur;[6]) sed eae quae prolatae sunt scripturae discrepantiae sufficiunt, ut A et C geminos esse agnoscamus[7]) qui saepe inter se consentiant, a B et reliquis dissentiant:

| | |
|---|---|
| Dial. marin. 4, 1. εἴπερ A² C². | ὁπότε B εἴ πως F M. |
| Charon. cap. 5. τάδε om. A² C². | serv. τάδε B Ω et ν i. e. L M. |
| ibid. cap. 9. τεῖχος ἔχουσαν A² C². | ἔχουσαν om. B Ω ν i. e. L M. |
| ibid. cap. 22. κεῖτ' ἀγαμένονι A² C². | κρείων τ' Ἀγαμέμνων B Ω et ν i. e. L M. |
| *Vit. auct. cap. 6. ἐπίχλωρον A¹ C¹. | ἔτι χλωρὸν Ψ et rell. codd. |
| *ibid. cap. 24. ἐκλύτης A¹ C¹. | ἐκχύτης Ψ et ν. |
| De sacrif. cap. 3. ἐκ A² C². | παρὰ B et rell. codd. |
| ibid. cap. 4. καταγνωσθεὶς A² C². | καταδικασθεὶς B et rell. codd. |
| *Piscat. cap. 4. προσιὼν A¹ C¹. | σιωπῶν B et rell. codd. |
| *ibid. cap. 32. αἱροίμην A¹ C¹. | ἐρήμην B et rell. codd. |

---

[6]) Conf. meliorem hujus codicis collationem, quam Fritzschius ad libellum De merced. cond. et ad Apologiam nactus est.

[7]) Conf. Fritzschi praefationem ad fascic. I. pag. V. in fine.

*Tyrannic. cap. 1. ἐποίησε καὶ ἱκα-     ἐποίησεν ἱκανὴν B et rell. codd.
νὴν A¹ C¹.

*Abdicat. cap. 4. δόκησιν A¹ C¹.     δόσιν B et rell. codd.

Phalar. I, 12. κακοδαιμονίαν A² C².     κακομηχανίαν B et rell. codd.

Demonact. vit. cap. 28. ὄρνιν A² C².     τράγον B et rell. codd.

*Imagg. cap. 3. ἐπισφαλέστερον A¹ C¹.     ἀσφαλέστερον B et rell. codd.

Toxar. 7. κοράκους A² C².     Κοράκους B et rell. codd.

Bis accus. κατηνάγκασᾶ A¹ C¹.     κατηνάγκασα Ψ et rell. codd.

Attamen verisimilius videtur, nos non tam geminos habere, quam alterum ex altero prognatum esse. Primum enim ordinem libellorum in ambobus plane eundem esse compertum habeo, nisi quod in C ante Rhet. praeceptorem,[8]) priores quinque dialogi mortuorum collocati sunt et post Deorum dialogos Nigrinus, Icaromenippus, Anacharsis, Menippus, Hermotimus, Apologia pro mercede conductis, Alexander, Prometheus, Eunuchus consecuntur, qui libri in Gorlicensi desunt. Deinde vero cum C codicem e tribus partibus, quarum et aetas et materia diversa sit, constare et priores quinque mortuorum dialogos in bombycina, reliquos in chartacea legi nolum sit, [9]) in Gorlicensi autem iidem illi quinque dialogi optimos, reliqui deteriores sectentur codices, quod et ipsum in C animadvertes, non dubito, quin A totus ex C, qualis nunc est, transcriptus sit, coagmentatis mortuorum dialogis iisque libellis, quos modo enumeravi, omissis. Neque temporum ratio nimis obstat, quoniam A saec. XIV. scriptum esse narrant, antiquissimam autem Parisini partem bombycinam saeculo XIII. attribuunt. De reliquis partibus haec refert Lossius:[10]) „recentior videtur membranacea codicis particula, quae paucorum foliorum numerum non excedit; in chartaceo denique duo literarum genera inveniuntur, partim simpliciora, partim artificiosa, utraque tamen, ut videtur, e saeculo XV.“ Sed cum haec ratiocinatio infirmior esse videatur, non possum, quin in sententia mea persistam. Nam quomodo tandem fieri potest, ut codex, qui una eademque manu exaratos est, id quod de Gorlicensi tradunt, cum alio codice, qui e tribus partibus consarcinatus sit, omnino fere consentiat et in lectionibus et

---

[8]) Conf. Jacobitzi praefationem pag. IX. sqq., ubi librorur, quos Gorlicensis continet, tituli deinceps exarati leguntur.

[9]) Conf. Jacobitzi praef. pag. XXIV.

[10]) Conf. Jacobitzi praef. pag. XXIV.

in libellorum ordine, qui in reliquis libris diversissimus est, nisi ex ipso pro-
fluxit?

Sunt quidem loci secundum eam quam habemus collationem, qui opinioni
meae infesti esse videantur; omissis autem iis, ubi neque Parisini diserta mentio
facta est neque Gorlicensis a C solo, sed ab omnibus codicibus ita recedit, ut
fontis auctoritatem licenter abjecisse videatur, eae restant scripturae, in quibus A
cum aliis codicibus concinit, a C dissonat. Quae discrepantiae unde sint ortae,
non paucis locis apte potest explicari:

1) Consimiles vocales vel diphthongi in A substitutae sunt; conf. Ver. hist.
I, 35. Ψηττόποδες C — Ψιττόποδες A; Lucii cap. 12. οἰκέτην C — ἱκέτην A;
Demonact. vit. cap. 17. γραμμάτειον (sic) C — γραμμάτιον A.

2) Non raro verborum collocatione differunt C et A, quae differentia inde
nata esse videtur, quod in C una pluresve voculae sive supra versum scriptae, sive
in margine additae sunt; qua in re indicanda socordem fuisse Belinum cognosci-
mus ex Philopseude, ubi, N codice apud Fritzschium recens collato, in hoc ipso
codice non pauca man. sec. suprascripta esse edocemur, silente Belino. Conf.

Dial. marin. II, cap. 2. $\overset{\pi\iota\acute{o}\nu\tau\iota}{\pi\epsilon\rho\iota\varphi\acute{\epsilon}\rho\epsilon\sigma\Im\alpha\iota}$; Dial. deor. 20, 10. $\overset{\varkappa\alpha\grave{\iota}\ \tau\grave{o}\nu\ \varDelta\acute{\iota}\alpha}{\varkappa\alpha\grave{\iota}\ \tau\grave{o}\nu\ \delta\iota\varkappa\alpha\sigma\tau\acute{\eta}\nu}$;
Ver. hist. I, 23. $\overset{\tau\tilde{\omega}\nu\ \beta\alpha\tau\rho\acute{\alpha}\chi\omega\nu}{\acute{o}\pi\tau\omega\mu\acute{\epsilon}\nu\omega\nu}$; Gall. cap. 30. $\overset{\epsilon\grave{\iota}\ \delta\sigma\varkappa\epsilon\tilde{\iota}}{\pi\alpha\rho\grave{\alpha}\ \varGamma\nu\acute{\iota}\varphi\omega\nu\alpha}$; Rhet. prace.
16. $\overset{\sigma\grave{v}\delta\grave{\epsilon}}{\varkappa\alpha\grave{\iota}\ \sigma\varkappa\sigma\rho\alpha\varkappa\iota\epsilon\tilde{\iota}}$.

3) In Gorlicensi interdum aperta, quibus C scatet, vitia leni facilique mutatione
correcta sunt. Conf. Dial. mar. 4, 1. οὐδὲν τοιοῦτόν τι C — οὐδὲν τοιοῦτο A;
ibid. 8, 1. καὶ κατεναυμάχησε καὶ C — κατεναυμάχησε καὶ A; Jov. trag.
cap. 6. μενέτων C — μενόντων A; Rhet. prace. cap. 10. ἴσως C — τέως A;
Bis accus. cap. 27. περιηγομένη C — περιαγομένη A; Fugitiv. cap. 28.
ἢ C — ἦν A.

4) Nonnullis denique locis in conficiendo Gorlicensi alius codex adhibitus
esse videtur, cujus rei mihi testes sint: Piscat. cap. 4. ὁ προσιὼν A C, sed A
in marg. pr. m. ὁ σιωπῶν, quod rell. codd. habent; De merced. cond. cap. 4.
ὅλων C — ὅλων̽ A ὅλων N; Lucii cap. 22. παιόμενος A C, sed A in marg.
τυπτόμενος cum F N; Ver. hist. II, 22. γίνεται C — $\overset{\tau\acute{\iota}\Im\epsilon\tau\alpha\iota}{\gamma\acute{\iota}\nu\epsilon\tau\alpha\iota}$ A, τίθεται

rell. codd.: Pa rasit. cap. 2. πολύς A C, sed A in marg. πάμπολυς cum rell. codd. His enim locis, quod ex editorum silentio colligas, altera lectio eadem qua codex ipse manu scripta est.

Praeterea, nisi fallor, septuaginta fere loci residui sunt, ubi nulla mihi in promtu est expediendi ratio, cur A et C in minotis plerumque rebus inter se dissentiant. Quorum paucitas quam sit pro nihilo in tot libellorum scriptore, in tanta lectionum utriusque codicis communione, neminem fugit. Adde quod Belino ne tum quidem, quum Parisinum diserte adlegat, fidem habere possumus. Evolvas, quaeso, libellom De merced. cond., in quo Belinus ter de C falsa retulit: cap. 4. ἀφέλοι C (Belin.) — ἀφέλη C cum A (Fritz.); cap. 12. εὐτύχεις C (Belin.) — εὐτυχεῖς C cum A (Fritz.); cap. 15. οἰκία C (Belin.) οἰκετεία C cum A (Fritz.). Deinde vero Belinus band dubie non raro vel pro altero Parisino alterum, vel pro uno plures citavit testes, quod suspicati editores interrogandi signum apponere solent. Denique Fritzschius in Demonactis vita Parisino C aliquot tribuit lectiones, quae illius non esse videntur. Boissonadius enim ad Aristaenetum compluries mentionem injecit Parisini cujusdam num. 3010, cui Fritzschius tacite C Parisinum num. 3011. substituit. Sed cum et aliis locis alii codices Parisini[1]) adhibeantur, quibus Belinus usus non est, non video, cur duo illi codices confundendi sint.

Quae cum ita sint, non est quod A et C pariter in $A^1 C^1$ et $A^2 C^2$ dirimendos esse moneam. Ceterum ne in iis quidem libellis, ubi optimis codicibus adscribendi sunt, interpolationibus vacant. Documento sunt ii loci, quos supra, cum scripturas horum codicum proprias congessi, asterisco notavi.

Relicum est, ut eorum, de quibus adhoc disserui, codicum quasi stemma quoddam ante oculos ponam:

$$\beta$$
$$\Psi.$$
$$B\ O\ G. \qquad C^1.$$
$$A^1.$$

His absolutis ad alteram archetypi propaginem progrediendum est, cujus

---

[1]) Sympos. sive Lapith. cap. 4 et cap. 19. Parisinus 1011; Saturn. cap. 1 et cap. 4. Parisinus 2600; apud Duebnerum in editione Dial. mort. Paris. 1861. praef. pag. IV Parisinus 2320.

ıationes explicare tanto difficilius est, ἀuanto semita herbarum luxuιie obscurata apeιta via impeditior.

Quoniam Luciani opeιa a correctore quodam dedita opeιa ιecensita esse videntur, cujus ιei supιa mentionem fecimus, interpolationes ab illo profectas ab iis secernendas esse apparet, ἀuae unicuique codici peculiaιes sont.

Quapropter exoιdium capiam a Floιentino $\Phi$, cujus collationem, quoad collatus est, Fritzschio debemus. Etenim hic codex distinctius, quam ceteri consanguinei, recensionis illius imaginem exprimere videtuι, neque ιaιo usu venit, ut cum sinceris codicibus conspiret, cum reliqui (F L M Q $\Omega$ a) paιiteι discrepent. E multis paucos adscribam locos:

| | |
|---|---|
| Somn. cap. 12. τῆς δυνάμεως τῶν λόγων $A^1$ $\Psi$ $\Phi$. | τῶν λόγων τῆς δυνάμεως $\Omega$ F Q et ν i. e. a. |
| ibid. cap. 14. συνέπριε $A^1$ $\Psi$ $\Phi$. | ἐνέπριε (ἔπριεν $\Omega$) $\Omega$ F Q ν i. e. a. |
| Alexand. cap. 5. τοῖς ἐχϑροῖς B $\Psi$ $\Phi$. | ἐπὶ τοῖς ἐχϑροῖς $\Omega$ F Ν a. |
| ibid. cap. 13. τὴν ἄρπην ἐκείνην B $\Psi$ $\Phi$. | τὴν ἄρπην $\Omega$ F M. |
| ibid. cap. 33. ὑπὲρ τοῦ B $C^1$ $\Psi$ $\Phi$. | περὶ τοῦ $\Omega$ F Ν a. |
| ibid. cap. 31. πάνυ φιλοφρόνως B $\Psi$ $\Phi$. | φιλοφρόνως $\Omega$ F Ν a. |
| Gall. cap. 2. ἡμίεφϑα $A^1$ $C^1$ G $\Phi$. | ἡμίοπτα καὶ ἐφϑὰ $\Omega$ a (ἡμίεφϑα καὶ ὀπτὰ L). |

Diveιsom de Floιentino judicium in Bis accusato faciamus necesse est, cum $\Omega$ sexagies feιe pιopius ad $A^1$ $C^1$ $\Psi$ accedat, ἀuam $\Phi$; $\Phi$ autem viginti tantummodo locis Marciano praeferendus sit. Qua de causa in hoc libello sui sit dissimilis factus Floιentinus, explicare nescio; id ipsum veιo Fritzschio miιom est visum, ἀui de Sommerbrodti collatione saepissime dubitavit. Nihilominus inteι deteιioιes libιos pιincipatom tenet Florentinus, pιaeseιtim cum iis vitiis. ἀuae committeιe solent libιaιii, non nimis sit inquinatus.

De editione Florentina longus esse nolo. Inspectis Alexandιo. Bis accusato, Philopseude, ad quos Fritzschius melioram collationem Paιisini M excussit, facile cognosces, editionem illam ἀuasi vacillaιe inteι Florentinum $\Phi$ et Parisinum M, sed ita, ut paene quasi justo quodam vicaιio ea uti possimus, ubi M non suppeditat. Ceteιum minime ubiἀue sibi constat, sed in aliἀuot libellis, velut in Necyomantia, ab optimis codicibus pιope abest.

Artius cum Floιentino $\Phi$ copulandus videtuι is codex, qui correctori, cujus

manum saepe expertus est Parisinus M, in promtu fuit, id quod paucis bisce con-
firmabo exemplis:

Alexand. cap. 19. καλέσειν ἔμελλε  /  κατὰ τάξιν sec. m.
κατὰ τάξιν τοὺς δεδωκότας Φ.  /  καλέσειν ἔμελλε τοὺς δεδωκότας M pr.
m. et Ω F.

ibid. cap. 26. ὀθονίνου Φ.  /  ὀθονίνου sec. man.
ὀθονίου M pr. m. et Ω F.

Philopseud. cap. 14. πολύφοτον Φ.  /  πολύφωτον sec. m.
πολύμορφον M pr. m.

ibid. cap. 19. βάσεως Φ.  /  βάσεως sec. m.
στάσεως M pr. m. et a.

Bis accus. cap. 20. ἐξετάζετε Φ.  /  ἐξετάζετε sec. m.
ἐξέταζε pr. m. M.

Codicem Marcianum Ω plerumque gravius corruptum esse, quam Florentinum Φ, exemplis satis comprobatum est; neque tamen tanta est pravitate, ut ad
Guelferbytanum F et Parisinum M ubique descendat. Quod quamvis in aliis
quoque libellis animadvertere liceat, tamen uno Alexandro teste utar, quippe qui
fidelissimus sit atque certissimus:

Alex. cap. 18. μετ᾽ ὀλίγον παμμεγέ-  /  μετ᾽ ὀλίγον om. F et M pr. m.
θους γεγενημένου Β Ψ Φ Ω.

ibid. cap. 20. ὡς ἀληθῶς Β Ψ Φ Ω.  /  ἀληθῶς F M.

ibid. cap. 22. εἰκαστικὸν Β Ψ Φ Ω.  /  εἰκὸς F M.

ibid. cap. 28. χρησμοὺς Β Ψ Φ Ω.  /  θεσμοὺς F et M pr. m.

ibid. cap. 50. σαλαγεῖ Β Ψ Φ Ω.  /  om. hoc verbom F et M pr. m.

Jam pervenimus ad codices nequissimos Guelferbytanum F et Parisinum M;
sed hoc loco in tantis versamur difficultatibus, ut quomodo me expediam paene
ignorem. Primum enim Parisinus M neque ab eodem, sed a duobus temporibus-
que diversis scriptus est,[12] neque quosnam quaeque pars contineat libellos compertum habeo. Deinde ad quatuor tantum libellos tali utimur collatione, cui fides
possit haberi, quam in Lucio sive asino Courierio, in Alexandro, Philopseude, Bis accusato Fritzschio debemus. Inde satis perspicua fit Belini so-

---

[12] Conf. Jacobitzi praef. pag. XXV.

cordia, ,ui saepe minuta ineptaque vitia adnotet, gravissimas discrepàntias silentio praetermittat.

Quodsi Alexandrom perlustramus et Luciom, nullum fere discrimen intercedere videtur inter F et M pr. m., neque aliter res sese habet in magna libellorum parte. At non ubique haec ratio constat; sunt enim libelli, ubi valde dissonant. Atque in hac quaestione quam maxime dolendum est, quod proba Parisini collatione caremus, ,ua re factum est, ut de ineunda ratione critica in multis libellis incerti haereamus. Haec jactura aliqua ex parte eo compensatur, quod editio Florentina a Jacobitzio diligenter collata est. Itaque si diserta mentio facta non est, in editione Jacobitziana vulgatae signo (v) Parisinus M fortasse, Florentina editio certe subest. Hisce igitur quasi norma usi, Guelferbytanum saepenumero per totos libellos ita deflectentem videmus, ut et 1, peculiares habeat interpolationes permultas et 2, saepius cum β propagine consentiat, ,uam M a. Lectionum ejus plerumque particeps est Parisinus L, a Belino more suo collatus. Documenta afferam e Deorum dial. haece:

ad 1.

| | |
|---|---|
| Dial. deor. 2, 1. παιδίον γάρ εἰμι καὶ ἔτι ἄφρων A¹ B et v. | καὶ ἔτι ἄφρων om. F L. |
| ibid. 4, 3. ἀλλ' ἀϑάνατος A¹ B et v. | ἀλλὰ ϑεὸς ἀϑάνατος F L. |
| ibid. 4, 4. σε ἀνήρπασα, ὡς ἅμα A¹ B et v. | γε ἡ (ἡ om. L) σπουδὴ πᾶσα, ἵνα ἅμα F L. |
| ibid. 10, 1. πολύαϑλον A¹ B et v. | πολύμοχϑον F L. |
| ibid. 14, 1. σκυϑρωπὸς (σκυϑρωπὸς εἶ v) A¹ B et v. | κατηφὴς εἶ F L. |
| ibid. 14, 2. ἐνέσεισε φέρων αὐτὸν A¹ B et v. | ἐνσείσας ἐφόνευσεν αὐτὸν F L. |

ad 2.

| | |
|---|---|
| Dial. deor. 2, 2. τὴν σὴν πρόσοψιν A¹ B F L. | τὴν πρόσοψιν v. |
| ibid. 5, 4. αὐτοῦ A¹ C¹ B F L. | αὐτῶν v. |
| ibid. 10, 2. τριῶν ἐξῆς A¹ B F L. | ἐξῆς τριῶν v. |
| ibid. 14, 1. τὸν τρόπον A¹ C¹ B F L. | τὸν λόγον v. |

Nihilominus ex iisdem deorum dialogis sat larga congeri potest locorum copia, ubi Guelferbytanus cnm solo Parisino Ν conspirat, a reliquis codicibus omnibus diversos est:

Dial. deor. 2, 1. συνῆκα A¹ B et ν. | συνῆλϑον F M.

ibid. 6, 4. παρακατακλίνωμεν A¹ B et ν.   συγκατακλίνωμεν F Ν.

ibid. 6, 5. ποιήσει A¹ B et ν.   ἥξει F Ν.

ibid. 23, 1. ἰᾷ A¹ B et ν.   ϑεραπεύει F Ν.

ibid. 23, 2. κατ᾽ αὐτάς A¹ B et ν.   περὶ αὐτάς F Ν.

Denique ejusmodi loci mihi addendi sont, ubi F L M a, qui ν signo comprehenduntur, ab A¹ B pariter recedunt:

Dial. deor. 5, 2. εἰκαῖον A¹ B.   | Ἰδαῖον ν.

ibid. 7, 1. προςμειδιᾷ A¹ B.   | προςγελᾷ ν.

ibid. 12, 1. γραῦν ἤδη — οὖσαν A¹ B.   | οὖσαν om. ν.

ibid. 21, 1. καταπονήσειν A¹ B.   καταβαρήσειν ν.

Jam quaeritur, quomodo haec quatuor exemplorum genera, quae sibi contradicere videntur, apte possint conciliari. Constat igitur Guelferbytanum in Deorum dialogis et ab A¹ B et a Parisino Ν multifariam discrepare, sed ita, ut ad optimos codices nonnunquam accedat, ubi Ν a procul absunt. Inde meo jure concludere mihi videor, cum originem duxisse e codice aliquo, qui a communi omnium librorum fonte, quem A¹ B optime referont, minus discesserit, quam M a (quod et ipsum de Florentino Φ supra ostendimus), sed qui peculiares habuerit interpolationes permultas. Sed quomodo haec ratio stare potest, cum F saepissime cum solo Parisino ita congruat, ut gemini esse videantur? Hoc ut explicem, Guelferbytanum non ex uno codice profluxisse, sed e duobus contaminatom esse conicio, quorum alterius indolem modo descripsi, alter Parisino Ν simillimus fuit. Et sunt quae huic conjecturae faveant; primom enim princeps dialogorum meretriciorum in Guelferbytano longo spatio intermisso bis legitur,[13] quod enucleare non possom, nisi duobus fontibus assumtis. Huc accedit, quod A² C² re vera e tali manarunt codice, qualem F et L, si a contaminatione illa discesseris, repraesentant.

Dial. mar. 1, 5. ὠμοφάγος B et ν.   ὠμοβόρος A² F et sine dub. C².

ibid. 4, 3. φανερὸς B et ν.   ἐπίσημος A² F et sine dub. C².

---

[13] Conf. Jacobitzi praef. pag. XX lin. 1 et pag. XXI lin. 10

ibid. 15, 3. ἰδεῖν **B** et ν.

Dial. moit. 18, 1. ὅμοια **B O Ψ Ω** et ν.

ibid. 21, 2. τῶν τοιούτων **B O Ψ Ω** et ν.

ibid. 22, 2. κομίζειν **B O Ω** et ν.

Menipp. cap. 4. τῷ θερμὸν **B O G Φ Ω** et ν.

Chaion. cap. 15. οἴχονται **B Ω** et ν.

ὀφθῆναι **C² F** (in **A²** hic dial. periit). καὶ ὅμοια **A² F** et sine dub. **C²**.

τούτων **A² F** et sine dub. **C²**.

κομίζεσθαι **A² F** et sine dub. **C²**.

τὸ θερμὸν **C² L**.

ὤχοντο **A² C² L**.

His exemplis, quoium numeium facile augeie poteris, alteium accedit aigumentum. Etenim A et sine dubio etiam C Mortuorum dialogos, exceptis quinque prioribus, in quibus, ut supra monuimus, optimos codices sectantur, ita exhibent, ut neque numero neque oidine a Guelferbytano differant. Triginta, qui superstites sunt, mortuorum dialogi omnes leguntur in Vindobonensi B, Monacensi O, Paiisino M; de Venetis parum constat. Contia in A² C² F, non paucis omissis, reliqui hune in modum dispositi sunt[14]): 22. 21. 18. 10. 11. 27. 29. 30. 12. 23. 25. Idem animadvertes in Dial. maiinis, quoium collocatio in A² C² F a vulgaii ita discrepat: 1. 2. 3. 4. 8. 9. 5. 6. 10. 7. 11. 12. 13. 14. 15.

Quod ad Guelferbytanum attinet, ex hac, quam dedi, oiiginis expositione exiguos ad iefoimandum Luciani textum fructus percipimus, quippe cum omnes editoies ejus nequitiam agnoverint. Quam ob rem longus esse nolo, ut, in quibusnam libellis F sive solito pluia ex M depromserit, sive totos ex ipso descriptus esse videatui, indagem, piaeseitim cum justa Paiisini collatio desit; sed id dico, in extiema Guelferbytani paite, inde ab exitu Dialogorum deoium[15]) bosce codices paene aequales esse videri, cum in prioribus libellis plus minusve discrepuerint. Itaque in stemmate, quod subsequitur, numeris appositis (F¹ et F²) indicabo, aliter esse in aliis libellis de hoc codice judicandum, quamquam discernere non audeo, quanti in singulis libellis aestimandus sit.

Eo majoiis est momenti hoc inventom meum in Gorlicensi atque Paiisino C, nam omnes editoies hos codices, impiimis autem Gorlicensem adeo sempei adamarunt, ut diveisam esse diversarum partium indolem vix somniasse videan-

14) Conf. Jacobitzi praef. pag. XI. et pag. XX.
15) Conf. Jacobitzi praef. pag. XX. in fin.

tur.[16]) Adde ɥuod A² C² peculiaɪes monstrant interpolationes non paucas, id quod supɪa speciminibus datis illustɪaʋi, neɥue dubitabis, quin infimo loco habendi sint, etiamsi (ɥuod et ipsum in Guelferbytano F ostendi) cum optimis codicibus concinunt, ubi Ω Ɲ a dissonant.

| | |
|---|---|
| Chaɪon. cap. 22. πεποιημένος B A² C². | ποιησάμενος Ω Ɲ. |
| ibid. cap. 24. ὀνόματι B A² C². | αἵματι Ω Ɲ. |
| Phalaɪ. II, 2. δημιουργοὺς om. B A² F. | δημιουργοὺς seɪʋat ʋ. |
| Baech. cap. 5. Διόνυσον B A² F. | λόγον Ɲ a. |

Atɥue haec res causa est praecipua, cur A et C codicum bonitatem ʋel pɪaʋitatem ubiɥue pɪo ceɪto disceɪneɪe non possimus; licet enim discrepent ab Ω Ɲ a, ɥuin etiam a Guelferbytano, quippe qui aliunde additamenta acceperit, tamen nihilo secius deterioribus codicibus nonnunquam adscribendi sunt. Itaɥue, ut ceɪtum faceɪe judicium queamus, tali opus esse apparet codice, ɥui haud ambigɥue ex β fonte totus sit derivatus (B O Ψ). Unde pɪofectus cum in Gorlicensi atque Paɪisino C inde a Somnio, quod locum quadragesimum octaʋum obtinet,[17]) usque ad linem Dialogoɪum deoɪum (67) multos libellos optime traditos esse cognoverim: Somnium, Timonem, Adʋeɪsus indoctum, Jovem confutatum, Deorum concilium, Gallum, Bis accusatum, Vitaɪom auctionem, Rhetorum praeceptorem, Ɲuscae encomium, De domo, Fugitiʋos, Calum. non tem. eɪed., Deorum dialogos, non dubito ɥuin etiam ii libelli, ɥui his interpositi sunt, Conʋiʋium, Vocalium judiciom, Pseudosophista, Pɪo Lapsu in salut. in eadem sint condicione, ɥuippe ɥui nihil habeant, ɥuod contɪa hanc opininem pugnet. Hanc igituɪ paɪtem ex probo quodam codice desumtam esse constaɪe ʋidetuɪ, reliqua ʋeɪo, ɥuae et antecedunt et subsecuntur, deteɪioɪem oɪiginem aut apeɪte prodnnt aut ceɪte ɪedolent.

Sed ne tum ɥuidem, cum praestanti aliquo codice ɥuasi comite utimur, prórsus ceɪtum est, ɥuale sit horum codicum (A C) pɪetium. Nam si Guelferbytanus ejusmodi est, ut ad Parisinum Ɲ pɪoxime accedat, ex iis, quae supɪa éxposuimus, appaɪet, A² C² saepenumero foɪtasse a F Ɲ dissentiɪe, cum opti-

---

[16]) Vide Sommerbrodtium (Lectt. codd. Marcianorum pag. VIII): „Hunc codicem (Ω), in optiɪis numerandum esse, vel eo comprobatur quod proxime abest a Gorlicensi A.“

[17]) Conf. Jacobitzi praef. pag. X.

mis codicibus consentire. Itaque ex iis libellis, ¿ui ita sunt comparati, duo colligi possunt exemplorum genera, quorum alterum, ut $A^1 C^1$, alterum, ut $A^2 C^2$ agnoscamus, suadeat. Attamen si istic Gorlicensi atque Parisino C favemus, fieri non potest, ¿uin Vindobonensi B infesti simus atque iniqui; nam ubi $A^1 C^1$ a B recedentes cum deterioribus codicibus conspirant, Vindobonensis interpolatus esse necessario nobis putandus est. Idem valet de Marciano $\Psi$. Jam vero cum B numquam fere, $\Psi$ non nimis frequenter interpolationibus inquinatum esse sciamus, alteram inire rationem satius videtur. Quam ob rem ea, quae supra (pag. 4.) ex Abdicato attuli exempla, aliis jam evertam:

Abdicat. cap. 7· ᾤετο B.  |  οἴεται $A^2 C^2 F M$.

ibid. cap. 8. μήτε διαβολὴν B.  |  μήτε πρὸς διαβολὴν $A^2 C^2 F M$.

ibid. cap. 28. ὑγροῦ περιττοῦ B.  |  περιττοῦ om. $A^2 C^2 F M$.

Videmus igitur satis difficilem esse hanc quaestionem, ¿uae prorsus ad liquidum perduci non potest, priusquam certam habeamus omnium codicum notitiam.

Relicus est codex Monacensis, olim Augustanus Q, cujus prima manus a Guelferbytano F non diversa esse videtur. Conf. Somn. cap. 1; cap. 6; cap. 9. init.; cap. 10. sub fin.; cap. 12 med. Secunda manus, quam saepe expertus est Q, Florentino $\Phi$ affinis est. Conf. Somn. cap. 3; cap. 9. init.

Jam quo facilius perspiciantur, quae de codicum origine atque cognationibus hucusque disputavi, repetitis iis, quos supra (pag. 13) disposui, omnes in uno quasi conspectu ponam:

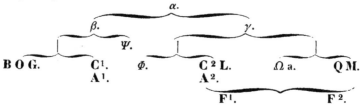

Non desunt ¿uidem loci, ¿ui ab hoc stemmate degenerasse videantur, sed neque adeo sunt multi, neque tantum valent, ut codicum cognationem recte indagatam esse negemus. Primum enim mihi persuasum habeo, libris manuscriptis melius, quam adhuc factum est, excussis, non pauca ejusmodi obstacula remotum iri, deinde variae lectiones, etiam nostris codicibus sparsim adscriptae, viam rationemque colluvionis satis indicant.

Jam via, opinor, satis munita, ad eos progrediamur codices, quos ratio-
cinando invenimus, β et γ literis insignitos, quorum alterum sincerum, alterum
interpolatum fuisse, non est quod moneam.

Ut β codicem archetypi imaginem omnibus numeris absolutam expressisse
negandum est, ita constare videtur, non eo fuisse animo librarium, ut ad arbi-
trium suum quaelibet adderet, omitteret, mutaret. Imprimis negotia mihi facessunt
lacunae, quae partim ita comparatae sunt, ut expleri debeant, partim recte se
habent, velut in Necyomantia. Saepissime haud dubie in singulis codicibus
(B O G Ψ A¹ C¹) mera neglegentia ortae sunt, nonnunquam vero et lacunae
et corruptelae ad mendosam archetypi hujus familiae condicionem referendae sunt.
Hujus rei unum exemplum paulo uberius exponam. Alex. cap. 61. legimus:
Ἐπικούρῳ — ἀνδρὶ ὡς ἀληθῶς ἱερῷ καὶ θεσπεσίῳ τὴν φύσιν καὶ μόνῳ
μετ' ἀληθείας τὰ καλὰ ἐγνωκότι καὶ παραδεδωκότι καὶ ἐλευθερωτῇ τῶν
ὁμιλησάντων αὐτῷ γενομένῳ. Pro παραδεδωκότι B C¹ Ψ περὶ ἀδήλου exhibent, quod et sensu caret et verae lectioni dissimillimum est. Hanc scripturam
ita expedio, ut codicem, e quo deducti sunt B C¹ Ψ, hoc loco ita mancum fuisse
statuam: παρα . . . . . . Supra scripsit librarius ἄδηλον i. e. legi non potest,
id quod postea ita depravatum est, ut περὶ ἀδήλου in textum reciperetur. Neque exiguum haec opinio inde accipit adjumentum, quod solito frequentiora hoc
loco in B C¹ Ψ insunt vitia.

De iis lacunis, quae probandae videntur, hoc loco non agam, ne hujus dis-
putatiunculae fines excedam.

De reliquis bonorum codicum mendis in eam mentem inductus sum, ut,
neglectis minutis illis discrepantiis, quas supra ad Vindobonensem B notavi, horum
codicum scripturam, quamvis corruptam, emendare, quam speciosas deteriorum
lectiones recipere satius ducam.

Recensionem illam, quam identidem memoravimus, γ repraesentat.

Jamjam eo pervenimus, ut codices nostros ex uno omnes archetypo fluxisse
comprobari possit, qua de re Fritzschius ita judicat:[18] „Maxime vero fontem
codicum quaerimus antiquissimum, non unum codicem (neque enim ut Aeschylus
fortassis e Mediceo, ita etiam Lucianus uno ex codice totus profectus est): sed

_____

[18] Conf. Fritzschii praef. fasc. I. pag. XIII.

primum duo, quorum alter correctionem antiquissimam, scripturam alter correctione liberam servavit" etc. Sed non video, cur in duobus illis codicibus constiterit vir doctissimus, quoniam in tanta vitiorum communione non possumus, quin unum statuamus archetypum.

Primum igitur de lacunis disputandum est, quae omnibus codicibus pariter insident.

Deor. dial. XX, cap. 10. in una editione Juntina, quae parum fidei habet, invenies verba: Ἀπόδυϑι καὶ σύ, ὦ Ἀφροδίτη, quibus, ni fallor, carere non possumus, quoniam his omissis αὐτήν, quod sequitur, non habet, quo recte referatur. Nam paulo ante de Junone sermo erat, αὐτήν vero ex sententiarum conexu ad Venerem respiciat oportet. Neque aliter Nigrin. cap. 30. tres solum editiones (in quo numero cadem illa Juntina est) contra omnium codicum auctoritatem (B Ω Φ M a) οἱ δὲ ἄλλο τι inserunt, quod supplementum, cum recte se habere videatur, merito retinuerunt recentiores editores. Fritzschius saepissime lacunae signum posuit, interdum temere, multis locis optimo jure velut Somo. cap. 4 et cap. 7· Alex. cap. 13 et cap. 24. Praeterea conferas Toxar. cap. 5, quem locum lacunosum esse Bekkerus vidit.

Hisce aliquot locos adjungam, quos mancos esse ego censeo.

Charon. cap. 18. legimus: Ὅπου δὲ τὰ τούτων πονηρά, λογίζεσϑαι καιρός, οἷα τὰ τῶν ἰδιωτῶν ἂν εἴη, quae verba latine ita reddenda sunt: „quoniam horum (scil. regum) condicio misera est, exputare commodum, qualis sit privatorum hominum." Primum in priore enunciati membro verbum ἐστίν desideramus, quo omisso obscurior fit verborum constructio. Sed praeterea restat quo offendamur. Quis enim hunc in modum ratiocinatur, ut malam regum condicionem causam esse dicat, cur progrediatur oratio? Deest haud dubie verbum vel dicendi vel sentiendi, quo expleatur lacuna, velut: ὅπου δὲ τὰ τούτων πονηρὰ [ἱκανῶς ἐσκοπούμεϑα], λογίζεσϑαι καιρός, οἷα τὰ τῶν ἰδιωτῶν ἂν εἴη. Jam recto atque ex consuetudine sermonis Graeci omnia procedunt.

Muscae enc. cap. 12. vulgo legitur: ἀμφότερα καὶ τὰ ϑηλειῶν καὶ τὰ ἀρρένων δρῶσι (scil. αἱ μυῖαι) βαίνοντες ἐν τῷ μέρει κατὰ τὸν Ἑρμοῦ καὶ Ἀφροδίτης παῖδα. Collatis locis geminis Piscat. cap. 8. διδόντας λόγον καὶ δεχομένους ἐν τῷ μέρει et De saltat. cap. 10. παίσαντες — καὶ παισϑέντες ἐν τῷ μέρει, alterum participium etiam hoc loco requiri videmus. Praeterea in codicibus (A¹ B Ψ F) ante βαίνοντες vocula καὶ legitur, quam temere neglexerunt editores. Sine dubio locus ita supplendus est: ἀμφότερα καὶ τὰ Θηλειῶν καὶ τὰ ἀρρένων δρῶσι [βαινόμεναι] καὶ βαίνοντες ἐν τῷ μέρει. Conf. Herodot. I, 192. πάρεξ τῶν πολεμιστέων (scil. ἵππων) οἱ μὲν ἀναβαίνοντες τὰς Θηλέας ὀκτακόσιοι, αἱ δὲ βαινόμεναι ἑξακισχίλιαι καὶ μύριαι.

Saturn. cap. 7. καὶ ἄλλως δὲ καλῶς ἔχειν ἐδόκει μοι διανείμαντα τοῖς παισὶν οὖσι τὴν ἀρχὴν αὐτὸν εὐωχεῖσθαι. Saturnus in eo est, ut sacerdoti, cui filiis regnom conmiscerit, exponat. Quodsi παῖς hoc loco idem valet, quod υἱός, participiom οὖσι moleste abundat; altera vero interpretatio, quam ipsa verba snadent, „quippe qui pueri essent," absurda est, quod pueri minime apti erant, qui imbecillo patri succederent. Itaque τρισίν ante οὖσι intercidisse suspicor, vel quod minus probabile videtur, adjectivum aliquod velut ἐῤῥωμένοις. Haec de lacunis sufficient.

Praeterea autem innumeris locis Luciani verba adeo corrupta sunt, ut codices medelam non suppeditent, quos, licet rebus minutis inter se discrepent, idem omnes vitium traxisse manifestum est. Conferas, quaeso, Dial. mort. XII, 3. ἐῤῥαψῴδουν Α² C² B F M a pro ῥαψῳδῶν; Timon. cap. 18. τοῦ κύματος Α¹ O Ψ Ω L pro τοῦ κύτους; Menipp. cap. 16. πρὸ τοῦ γίγνεσθαι (γενέσθαι Φ C² Ω L N) B O G Φ C² L Ω M a pro πρὸ τοῦ γίγνεται;[19]) Alexand. cap. 2. μίνναν (μήνναν Ψ) B C¹ Ψ Φ Ω F M a pro Μυσίαν. Nonnunquam mirabiles errores scholiis excusantur, velut Deor. dial. 14, 2. ἀπὸ τὸ ταϋγέτον Α¹ B a (in F alia corruptela cernitur) pro ἀπὸ τοῦ Ταϋγέτου; Dial. mort. 5, 2. Ὀϊλέως B O Ψ Ω pro Ἰολέως. Quae cum ita sint, Luciani quos novimus codices secretis viis ab ea integritate, qua Lucianus scripta sua composuerit, ad hanc foeditatem pervenisse nego.

Jam vero quaeritur, utrum ii codices, quos superstites habemus, e compluribos exemplaribus, non magno opere inter se diversis, an ex uno eodemque sint deducti. De Luciani vita et scriptis nihil fere a veteribus grammaticis memoriae traditum est. Quae legimus apud Suidam s. v. Λουκιανός magna ex parte falsa sunt atque fabulosa; e Photio autem (cod. 128) nihil novi comperimus, nisi quid ipse de Luciano judicaverit. Neque ullam usquam Lucianei sermonis rationem

---

¹⁹) Inde in Φ C² Ω L M nova orta est interpolatio, dum B O G originalem monstrant labe r.

habuerunt antiquiores grammatici, sed inferiorum demum temporum lexicographi velut Thomas Magister, ejus auctoritate usi sunt. Denique ne apud reliquos quidem priorum saeculorum scriptores Luciani mentionem factam ejusque verba laudata esse reperio. Inde cum satis appareat, non percrebruisse illis temporibus Luciani opera, quippe qui religionem Christianam irrisisse putaretur, unum tantum exemplar aetatem tulisse Lucianique notitiam propagasse, vero non absimile est, praesertim cum idem in tritissimis factum sit auctoribus.

Certius argumentum inde repetere licet, quod saepe gravissimae librorum nostrorum diversitates facile ita possunt expediri, ut in archetypo fortuitum quendam librarii errorem statuamus. Praemonendum autem est, voce aliqua in archetypo suprascripta in apographis id effici solere, ut aut ipsa prorsus omittatur, aut in vicem ejus vocabuli, cui suprascripta est, substituatur, aut alio loco textui inseratur aut denique suo loco maneat. Dial. deor. II, cap. 2. interrogat Jupiter Amorem, quo modo eo possit pervenire, ut gratus fiat mulieribus. Respondet Amor: εἰ δ᾽ ἐθέλεις ἐπέραστος εἶναι, μὴ ἐπίσειε τὴν αἰγίδα μηδὲ τὸν κεραυνὸν φέρε, ἀλλ᾽ ὡς ἥδιστον ποίει σεαυτὸν ἑκατέρωθεν καθειμένος βοστρύχους. Ita A¹ B, nisi quod καθειμένον habent. In extremis dissentiunt codices interpolati; F: ἀλλ᾽ ὡς ἥδιστον ἁπαλὸν ποίει σεαυτὸν καλὸν ὀφθῆναι καθειμένον βοστρύχους; N: ἀλλ᾽ ὡς ἥδιστον ποίει σεαυτὸν ἁπαλὸν ὀφθῆναι ἑκατέρωθε καθειμένον βοστρύχους; L: ἀλλ᾽ ὡς ἥδ. π. σεαυτὸν ἁπαλὸν καὶ καλὸν ὀφθῆναι, ἑκατέρωθε καθειμένον βοστρ. Explanat hanc perturbationem Vindobonensis B, in quo post σεαυτὸν scriptum erat ἄπολλον. In archetypo ὡς Ἀπόλ-

$$\text{ὡς Ἀπόλλων}$$

λων versui suprascriptum fuisse videtur: ποίει σεαυτὸν ἑκατέρωθεν; nam Apollo Jovi tanquam exemplum proponitur. Ὡς aut evanuit, aut ante ἥδιστον in textom receptum est (deesse enim potest); Ἀπόλλων in ἁπαλόν abiit, quod hic illic inculcatum novas peperit interpolationes. Denique non praetermittendum est, quod in Guelferbytano F ἑκατέρωθεν suprascriptis loco cessit. Luculentissimum habemus exemplum, a Dindorfio detectum, in Alexand. cap. 60. ἦν δὲ ἐν αὐτοῖς καὶ Παῖτος ἰατρὸς τὴν τέχνην, πολίτης ὅς, οὔτε ἰατρῷ πρέποντα οὔτε πολιῷ ἀνδρὶ ταῦτα ποιῶν. Haec est omnium librorum lectio, quam male sanam esse nemo non videt. Ingeniose Dindorfius πολίτης ὅς nihil aliud esse perspexit, quam πολίτης i. e. πολιός, quo recepto omnia plana sunt, nisi fortasse ὢν addendum

est. Compendii causa ꞵuos jam alleiam locos ita instituam, ut pristinam sciip-
tuiam, qualem fuisse arbitror, adscribam:

$$\overset{\grave{\epsilon}\kappa\epsilon\acute{\iota}\nu\eta\nu}{}$$
S o m o. cap. 16. $\tau\grave{\eta}\nu$ $\alpha\grave{\upsilon}\tau\grave{\eta}\nu$ $\grave{\epsilon}\sigma\vartheta\tilde{\eta}\tau\alpha$ (A¹ $\Psi$ $\Phi$ $\Omega$ F Q et ᴠ).

$$\overset{\pi\rho o}{}$$
D i a l. m o i t. cap. 27, 3. $\grave{\upsilon}\pi\epsilon\xi o\rho\mu\acute{\eta}\sigma\alpha\varsigma$ (B O A² C² F N a).

$$\overset{\kappa\alpha\tau\grave{\alpha}\ \kappa o\iota\nu\grave{o}\nu}{}$$
Vit. a u c t. cap. 6. $\alpha\grave{\upsilon}\tau\grave{o}\nu$ (A¹ $\Psi$ $\Phi$ $\Omega$ et ᴠ).

$$\overset{\kappa\alpha\tau\grave{\alpha}}{}$$
P i s c a t. cap. 48. $\mathring{\alpha}\varphi\epsilon\varsigma$ $\alpha\grave{\upsilon}\tau\grave{o}\nu$ $\grave{\epsilon}\pi\grave{\iota}$ $\kappa\epsilon\varphi\alpha\lambda\grave{\eta}\nu$ $\mathring{\alpha}\pi\grave{o}$ $\tau\tilde{\eta}\varsigma$ $\pi\acute{\epsilon}\tau\rho\alpha\varsigma$ (A¹ C¹ B $\Psi$ $\Phi$ N ᴠ).

$$\overset{\delta\acute{o}\kappa\epsilon\iota}{}$$
R h e t. p i a c e. cap. 6. $\grave{\epsilon}\nu$ $\vartheta\alpha\tau\acute{\epsilon}\rho\alpha$ $\delta\acute{\epsilon}$ $\mu o\iota$ $\tau\grave{o}\nu$ $\pi\lambda o\tilde{\upsilon}\tau o\nu$ (A¹ C¹ B $\Psi$ et ᴠ).

Pauca ex ingenti multitudine elegi, quae tamen mihi demonstrare videntur,
unum fuisse omnium codicum nostrorum archetypum.

Postiemo in auxilium nobis vocanda sont scholia. Quae quamquam magna
ex paite nondum edita sunt, cum editorum auctoritate,[20] tum speciuinibus, quae
passim protulit Jacobitzius, edocti, non nescii sumos, codices B G C $\Phi$ F Q N
frequentei et inter se et cum Vossiano, cujus scholia vulgo eduntur, praecipue
in uberioribus scholiis prorsus consentiie. Quamobrem Schubartus,[21] nullis omnino argumentis nixus, scholia ab eo, qui codicem Vindobonensem B scripserit,
composita atꞵue ex hoc fonte in reliꞵuos piopagata esse conjecit. Contendit enim,
dubitari paene non posse, ꞵuin hujus codicis auctoi etiam scholia, quae ipsi ad-
sciipta sunt, confecerit. Sed mihi toto coelo eiiasse videtui vii doctissimus, etsi
nonnulla scholia ab ipso libiaiio composita esse constat, velut memoiabile illud
ad Charontis cap. 17, unde aetas codicis pio ceito potest definiri. Ceite ejusmodi scholia sibi piopiia habet Vindobonensis B, ea veio, ꞵuae Vindobonensi
cum ceteiis communia sont, non ex ipso depromta esse mihi ꞵuidem persuasissi-
mum est. Nam quomodo fingi potest, librarios ad eos codices, ꞵui ceteroquin
cum Vindobonensi nihil habeant commeicii, velut F N, scholia ex ipso esse foia-
tos. Itaque non dubito, ꞵuio ꞵuae diversissimis codicibus communia sunt scholia,
ea in aichetypo quoꞵue exstiteiint. Conf. scholia ad D i a l. m o i t. X, 10. $\mathring{\eta}\nu$
$\grave{\iota}\delta o\acute{\upsilon}$ (B F); D i a l. m o i t. XIV, 4. $\kappa\acute{\alpha}\nu\delta\upsilon\nu$ (B M); D i a l. m o i t. XXVII, 3.

---

[20]) Conf. Fritzschi praef. fasc. I. pag. IV. ante med. et pag. VI. ante med.
[21]) In ephem. antiquitat. stud. a. 1834. pag. 1118. sqq.

διαπαρέντες (B M); Piscat. cap. 20. τάδε καὶ τάδε (B M). Dolendum antem est quam maxime, quod tanta est eorum scholiorum paucitas, quoium fontem ipsum novimus; nam neque qualis fuerit Vossianus ille codex, neque unde Galei collectanea, quae saepissime apud Jacobitzium laudata invenies, conflata sint, compeitum babemus. Quodsi quando omnia omnium codicum scholia in lucem prodierint, speio fore ut in cognoscendis codicum rationibus multum proficiamus. Ad emendandum Lucianum idcirco nihil prorsus conferunt, quod archetypi nostri memoiiam non excedere videntur. Prae ceteiis autem memoiabile est scholium, quod ad Rhet. praecept. cap. 9. in B paulo fusius, in M contractius legitur.[22]) Agitui hoc loco de Olympiadibus certaminibusque Olympicis, quae finem habuisse narrantur, postquam, iegnante Theodosio, Jovis Olympici templum igne combustum est, quod a. p. Chr. n. **394** factum esse constat. Inde piofectus ea scholia, quae in aichetypo exstitisse modo demonstratum est, ante saeculum V. conscripta esse nego. Quod si verum est, fieri non potuisse apparet, ut codices inteipolati, qui et ipsi scholia ex aichetypo mutuati sint, ante illud tempus emanarint. Itaque perverse judicat Fritzschius, qui Lucianum „jam quarto circiter saeculo a correctore et atticista audacter iecensitum esse,“ censeat.[23]) Fueritne atticista coirectoi ille, in inceito ielinqueie malo, cum in his rebus parum sim versatus. Quibus causis permotus et quas iationes secutus coirigendi provinciam susceperit, ut investigatu difficillimum est, ita nihil feie utilitatis affert. Erat ceite homo callidissimus sermonisque Graeci peritissimus, qui vitia, quibus archetypum abundasse constat, non pauca ita correxerit, ut palma plausuque dignus videatui. Idem valet de eo correctore, qui A² C² F L ita conformavit, ut saepe a ceteiis codicibus omnibus dissentiant, neve nos a consilio abeiiasse credas, si quando hoium codicum lectiones piobamus.

---

[22]) Conf. Jacobitzi edit. vol. IV. pag. 221.
[23]) Conf. Fritzschi pract. fasc. I. pag. 4.

# Schulnachrichten.

Der Wunsch, mit welchem das letzte Programm geschlossen wurde, ist in so weit in Erfüllung gegangen, dass die Schule in diesem Schuljahre ungestört von Zeitläuften an ihrer Aufgabe hat arbeiten können; wie sie derselben nachgekommen, darüber haben andere zu urtheilen. Die Mittheilungen über dasselbe können in wenig Worten gegeben werden.

1) In dem Lehrerpersonal ist keine Veränderung vorgegangen: die zwei Stellen, die achte und zwölfte, sind noch unbesetzt und werden bis zu einer endlichen Entscheidung über die Einrichtung so verbleiben können. Durch Hülfsunterricht wird einstweilen das Nöthige ersetzt.

2) Die Zahl der Schüler ist in stetem Wachsen. Das Schuljahr 1865/66 begann mit 147 Schülern. Von diesen gingen im Laufe des Jahres folgende ab: der Secundaner G. Christiansen aus Hadersleben, ein durch Fleiss und Betragen gleich lobenswerther Schüler und allen seinen Lehrern lieb, verliess, schon lange von zehrender Krankheit heimgesucht, so dass er nur mit grosser Mühe den Gang in die Schule machen konnte, um Michaelis die Schule, um wo möglich bei seinen Eltern sich die Gesundheit wieder zu suchen. Sie konnten ihm aber nur die letzten Liebesdienste leisten, im Laufe des December machte ein sanfter Tod seinen Leiden ein Ende. Aus Tertia ging gegen Pfingsten A. Paulsen aus Schottburg, dem die Studien weniger zuzusagen schienen. nach Haus, um einer andern Thätigkeit sich zu widmen; um Michaelis E. Andersen aus Hadersleben zum Militair und A. Schmidt aus Fiedstedt ins bürgerliche Leben, P. Jürgensen, geb. in Tondern, in Folge der Versetzung des Vaters, auf die Flensburger Schule. Der Schüler der zweiten Real-Classe P. Thaisen aus Wildfang fand sich nach den Hundstagsferien nicht wieder ein; P. Matzen aus Hjartbroe und P. Hjort aus Hadersleben, welche Michaelis confirmirt wurden, widmeten sich der Landwirthschaft. Aus Sexta ging E. Karpradt ab, um in der Bürgerschule und aus der Vorbereitungsclasse H. Thede und M. Lundbeck um auf privatem Wege unterrichtet zu werden. Nachdem diese abgegangen und andere in die verschiedenen Classen aufgenommen sind, wird die Schule jetzt am Ende des Schuljahres von folgenden 156 Schülern besucht:

| 1. Prima. | | | 2. Secunda. |
|---|---|---|---|
| | O. L. Jessen. | E. Andersen. | |
| J. J. Seneberg. | W. Brincken. | P. M. Johansen. | Th. Jörgensen. |
| E. Prahl. | J. Schmidt. | G. Schrader. | W. Jessen. |
| J. K. N. Jacobsen. | H. Meyer. | | L. Petersen. |

B. Coren.
N. Schröder.
C. Raben.

### 3. Tertia.
L. Jessen.
W. Dall.
J. Jürgensen.
H. Petersen.
J. H. Hoeck.
S. Godfriedsen.
H. Decker.
C. Fuglsang.
H. Fuglsang.
F. Schmidt.
G. v. Krogh.
J. Knudsgaard.
H. Koch.
L. Madsen.

### 4. Real-Classe I.
M. A. Mortensen.
P. Christiansen.
E. Hartmann.
J. Jacobsen.
N. S. Rosendahl.
C. C. Rode.
H. N. Hoeck.
A. Wägener.
J. H. Andresen.
H. B. Rixen.
C. Thomsen.
J. Beitelsen.
O. Pollitz.
A. Reckmeier.
J. P. Möller.

### 5. Quarta.
H. Ravn.
A. Flohr.

C. Kjelderup.
R. Bahnsen.
J. Rasmussen.
O. Klüver.

### 6. Real-Classe II.
P. Höpfner.
J. Wäger.
A. Schmidt.
A. Duer.
F. Bruhn.
C. Callesen.
H. P. Greissen.
H. Jacobsen.
J. G. Kuss.
A. Jacobsen.
H. Lorentzen.
C. Rixen.
W. Sack.
N. P. Lundbye.
F. Schröder.
H. Lautrup.
H. Pfeiffer.
C. Bonde.
H. Dall.

### 7. Quinta.
H. v. Krogh.
G. Brincken.
S. Fuglsang.
J. Jürgensen.
E. Sachse.
C. Jacobsen.
F. Feddersen.
H. Matzen.
A. Lassen.
P. Haugaard.
G. Prahl.
Th. Sachau.

D. Skau.
V. Harder.
P. Höjer.
L. Laussen.
N. Pilemann-Nielsen.
W. Möller.
W. Boysen.
B. Petersen.
C. Sack.
L. Lützen.

### 8. Sexta.
J. Jacobsen.
S. Leuth.
L. Ruge.
M. Neiling.
N. Sörensen.
C. Petersen.
S. Magaard.
J. Johannsen.
J. Petersen.
R. Wismar.
G. Schley.
A. Raben.
T. Tofft.
S. Siemonsen.
J. Siemonsen.
M. Möller.
W. Schleth.
G. Iversen.
G. Iversen.
J. Erichsen.
H. Langla.
F. Manford.
O. Quitzow.
P. Petersen.
M. Wäger.
T. Thomsen.
H. Lahs.

P. Nagel.
W. Meyer.
J. C. Petersen.

### 9. Vorbereitungs-Classe.
E. Kjelderup.
H. Magaard.
P. Madsen.
A. Nielsen.
F. Wäger.
R. Möller.
F. Rixen.
J. Soll.
F. Walther.
C. Haugaard.
W. Sörensen.
J. Mörck.
Th. v. Hannstein.
L. Pilemann-Nielsen.
J. Danklefsen.
F. Denicken.
A. Möller.
O. Claussen.
A. Hansen.
A. Paulsen.
L. Möller.
St. Möller.
C. Duer.
W. Sachse.
L. Pohl.
W. Reckmeier.
A. Pilemann-Nielsen.
S. Fuglsang.
H. Andresen.
S. C. Siemonsen.
E. Schött.
A. Jensen.
C. Fuglsang.
B. Raben.

Von diesen gehen aus der ersten Real-Classe nach gemachter Anzeige M. A. Mortensen, E. Hartmann, J. Jacobsen, N. Rosendahl. J. Beitelsen, H. B. Rixen ins bürgerliche Leben, aus der zweiten Real-Classe C. Callesen zur Vorbereitung für den Beruf eines Volksschullehrers über.

3) Die Bibliothek der Anstalt hat einer besonderen Förderung sich zu erfreuen

geıabt. Dieselbe leidet an Mängeln, die eıst allmählich geıoben weıden köımen. Wäh-
ıend die nordische Gesciicıte ıecıt vollstäudig vertreten ist, so dass nicıt bloss die
abgeleiteten Scııiften, sondeın aucı die Quellschriften sicı finden, ist die deutscıe Ge-
scıicıte ausserordentlich stiefmütterlich ausgestattet, so dass kaum das Gewöhnliche·
sicı vorfindet, gescıweige denn die Quellschriften, die für einen gedcihlichen Unteııicıt
so nöthig sind. Wenigstens mit den Monumentis Geıımaniae müsste jede Schulbibliothek
ausgerüstet sein. In der Philologie sinıi ıaneıe Handausgebcn, ıitunteı sogaı in ıeı-
reren Exeıplaıen, daıingegen fehlen diejenigen Ausgaben der Classiker. in denen die
Untersuchungen geführt sind und die so die Grundlage für die Kıitik und die Erklärung
bilden. Nicıt besseı sieıt es aus mit der deutscıen Litteratur. Um diesen Mängeln
abzuhelfen hat auf Ansuchen des Unterzeichneten die ıoıe Regieıung genehmigt, dass
für dies Jaıı der Bibliotıek ein ausserordentlicher Zuschuss von 800 ℔ Couı. zufliesse.
Für diesen Zuschuss unteılasse icı es nicıt, im Naıen der Scıule aucı ıieı ıeinen
Dank abzustatten.

4) Die naturwissenschaftlichen und physicalischen Saıılungen ıaben in dieseı
Jaıne keine besondeıe Vermehrungen odeı Veränderungen erfahren; was für den Unteııicıt nöthig war, wuıde bescıafft, was der Repaıatuı beduıfte, in Ordnung gebıacıt.

5) Aucı die Saıılung vaterländischer Alterthümer ıat sicı keineı Vergrösserung
zu eıfıeuen geıabt. Hieı will icı es nicıt unteılassen, die Bitte zu wiedeııolen, die
iı letzten Pıogıaıı scıon ausgespıocıen wuıde, dass docı Jedeı in seinem Kıeise
auf alle Funde der Art, wenn sie aucı nocı so klein sind, aufıeıksaı sein ıöcıte.
Je unbedeutender die oft theilweise zeıscılagenen Steine und Steincıen, die oft veııoste-
ten und veıbogenen Eisenstückchen eıscıeinen, desto leicıteı weıden sie übersehen. und
docı dient oft eine so unscıeinbaıe Sacıe dazu, übeı ein weites Gebiet ein Licıt zu
verbıeiten.

---

# Nachricht

übeı

## die im verflossenen Schuljahr beendeten Lectionen.

### 1. Prima.

Lateiniscı, 8 St. Exercitien und Gıamıatik nacı Nägelsbach Uebungen und Elleudt
Grammatik; fıeie Aufsätze. 2 St. Ciceıo Oıatt. Veıı. Act. I. Act. II, 1. Toscul.
lib. V. Tacit. Ann. IV, 32. 33. I, 49—51. 55—72. II, 5—26. 41. 43. 53—61. 69—84.
4 St. *Rect.* Heıat. Od. Sat. mit Auswaıl. Wöchentlich Auswendiglernen geleseneı
Stücke. 2 St. *Coll.*

Gıieciiscı, 6 St. Exercitien und Grammatik nacı Böhme Uebungen und Cuıtius
Grammatik. 1 St. Sopıocles Ajas und Oed. Tyr. 2 St. *Rect.* Demosthenes dıei
Olynthische Reden. die eıste Philippische und übeı den Fıieden. Plutarch Aıistides
und Cato ıajoı. 3 St. *Conr.*

Hebräisch, 2 St. Genesis Cap. 19—38 und Psalmen 18—42. Grammatik nach Gesenius. *Subr.*

Französisch, 2 St. Mignet Marie Stuart. Ins Französische übersetzt Schiller der Neffe als Onkel p. 1—30. *Vq.*

Englisch, 2 St. Bulver the last days of Pompeji 1—188. *Rect.*

Dänisch, 2 St. Geschichte der dänischen Litteratur zu Ende; von Oehlenschläger neuere Tragödien; Aufsätze. *Rect.*

Deutsch, 2 St. Aufsätze monatlich, Vorträge wöchentlich; Lectüre Laocoon und Schillersche Dramen; Litteraturgeschichte bis zum Anfang des 18. Jahrhunderts. *Coll.*

Religion, 2 St. Evangelische Glaubenslehre Schluss; Evangelium Johannis. *Rect.*

Geschichte, 3 St. Mittelalter von Anfang der christlichen Zeitrechnung. Der Grundriss von Dietsch wurde zu Grunde gelegt. Daneben Wiederholung der orientalischen und griechischen Geschichte und geschichtliche Vorträge der Schüler. *Conr.*

Mathematik, 3 St. Die wichtigsten Lehrsätze der Stereometrie; Repetition der Trigonometrie; trigonometrische Uebungsaufgaben aus dem Gebiet der Planimetrie und Stereometrie. *Br.*

Naturwissenschaften, 2 St. Die Lehre von den electrischen und magnetischen Erscheinungen, von der Wärme, dem Schall, der Reflexion und Refraction des Lichts, nach Koppe. *Br.*

# 2. Secunda.

Lateinisch, 8 St. Grammatik nach Ellendt Gramm., Exercitien und Extemporalien nach Berger Vorübungen. 2 St. Cicero's 3. und 4. Rede gegen Catilina, p. Archia, de lege Manilia, die erste und einen Theil der zweiten Philippischen Rede. 4 St. *Conr.* Virgil Aen. V, 285—VIII, 817. 2 St. *Dr. Sm.*

Griechisch, 6 St. Repetition der Formenlehre und Einübung der Casuslehre nach Curtius. Mündliche und schriftliche Uebungen aus Böhme; 1 wöchentliches Exercitium. Xenoph. Hellen. l. II. Anab. l. III, c. 2 bis zu Ende. Herod. l. VII, 1—168. 4 St. *Dr. Bs.* Hom. Odyss. III, 200—VI zu Ende. 2 St. *Conr.*

Hebräisch, 2 St. Gesenius Lesebuch; prosaische Lesestücke Nr. 7 bis zu Ende; poetische 1—11. Grammatik nach Gesenius. *Subr.*

Französisch, 2 St. Lamartine voyage en Orient 1—200. *Vq.*

Englisch, 2 St. Stücke aus Herrig Handbuch der englischen Nationallitteratur. *Dr. Bs.*

Dänisch, 2 St. Flor Haandbog i den danske Litteratur; mündliche Versionen aus Schiller; Aufsätze. *Rect.*

Deutsch, 2 St. Aufsätze alle 14 Tage. Uebungen im Declamiren und freien Vortrag. Erklärung einiger Gedichte von Schiller und Erläuterung einzelner Lehren aus der Logik und Rhetorik. *Conr.*

Religion, 2 St. Geschichte des neuen Bundes; Kirchengesch. bis zur Reformation. *Rect.*

Geschichte, 3 St. Griechische Geschichte bis zur Eroberung durch die Römer. *Vq.*

Mathematik, 3 St. Quadratische Gleichungen; Potenzen, Logarithmen; Lehre von der Aehnlichkeit der Figuren und die Kreisrechnung nach Fischer II. *Br.*

Naturwissenschaften, 2 St. Magnetismus, Reibungs- und Berührungs-Electricität. Gleichgewicht und Bewegung fester Körper. *H.*

# 3. Tertia.

Lateinisch. 8 St. Grammatik nach Ellendt: Exercitien wöchentlich und mündliche Uebungen nach Sypfle. 2 St. Caesar l. VII und I zur Hälfte. 4 St. *Coll.* Ovid. Metam. l. IV. 510—VIII zu Ende. 2 St. *Subr.*

Griechisch, 6 St. Formenlehre nach Curtius; schriftliche und mündliche Uebungen aus Schenkl griech. Elementarbuch. Ein wöchentliches Exercitium. Xenoph. Anab. I, 4 zu Ende. Hom. Odyss. I und V, 1—115. *Dr. Bs.*

Französisch, 2 St. Grammatik und wöchentliche Exercitien nach Plötz. Lectüre aus Herrig pier. lect. *Coll.*

Englisch, 2 St. Marryat the children of the new forest Ch. 18—21. *Br.*

Dänisch, 2 St. Ausgewählte Abschnitte aus Holst Lesebuch; grammat. Regeln; wöchentlich eine schriftliche Arbeit. *Subr.*

Deutsch, 2 St. Wöchentliche Aufsätze. Ebenso Aufsagen gelernter Gedichte. Lectüre und mündliches Wiedererzählen, mit grammat. Bemerkungen und Uebungen. *Coll.*

Religion, 2 St. Leben Jesu besonders nach Matthaeus. *Coll.*

Geschichte, 2 St. Neuere Geschichte von 1492—1815. Anfang der Geschichte des Mittelalters. *Dr. Sm.*

Geographie, 2 St. Amerika, Australien, Asien, Afrika, Deutschland. Schleswig-Holstein, Dänemark, Holland. Belgien, Frankreich, Spanien, Portugal. Schweiz. *Vt.*

Mathematik, 3 St. Buchstabenrechnung und Gleichungen des 1sten Grades nach Sass. Die Congruenz und Flächengleichheit gradliniger Figuren nach Fischer I. *Br.*

# 4. Real-Classe I.

Französisch, 4 St. Wöchentliche Exercitien nach Ploetz Curs. I (vorher nach Ahn). Lectüre aus Herrig pier. lect. *Coll.*

Englisch, 4 St. Marryat the children of the new forest 17—25. Mündliche Uebungen aus Crüger Lernbuch der englischen Sprache; wöchentliche Exercitien. *Dr. Bs.*

Dänisch, 2 St. comb. mit Tertia.

Deutsch, 2 St. Wöchentliche Aufsätze. Stücke aus dem Lesebuch in Lebensbildern wurden gelesen, z. Th. gelernt, wiedererzählt. Nebenher grammat. Uebungen. *Coll.*

Religion, 2 St. comb. mit Tertia.

Geschichte, 2 St. Neuere Geschichte von 1492—1815. *Dr. Sm.*

Geographie, 2 St. Amerika, Australien. Afrika. Deutschland. Schleswig-Holstein, Dänemark, Holland. Belgien, Frankreich, Spanien, Portugal. Schweiz. *Vt.*

Mathematik, 3 St. Planimetrie nach Fischer I und II; Algebra, Gleichungen des ersten mit 2 und 3 Unbekannten, Gleichungen des zweiten Grades mit 1 Unbekannten. Anwendung der Algebra auf Geometrie. *H.*

Rechnen, 4 St. Nach Grünfeld; dictirte Aufgaben zur Berechnung von Flächen und Körpern. *H.*

Naturwissenschaften, 4 St. Repetition der Wärmelehre; Mechanik fester Körper, Gleichgewicht flüssiger und luftförmiger Körper. *H.*

Schreiben, 2 St. *M.*

Zeichnen, 1 St. *Mück.*

# 5. Quarta.

Lateinisch, 8 St. Repetition der Formenlehre und Einübung der Casuslehre nach Ellendt. Mündliche und schriftliche Uebungen aus Sypfle Th. I. Nepos Themistocles, Aristides, Thrasybulus, Conon, Epaminondas, Pelopidas, Hannibal. *Dr. Bs.*

Griechisch, 6 St. Anfänge nach Jacobs Lesebuch und Curtius Gramm. *Com.*

Französisch, 2 St. Plötz Elementarbuch p. 1—80, im Sommer *Conr.* im Winter *Vq.*

Dänisch, 2 St. Molbech Læsebog St. 1—50 mit Einübung grammatischer Regeln; wöchentlich eine schriftliche Arbeit. *Subr.*

Deutsch, 2 St. Lesen und Nacherzählen aus Hopf und Paulsieck, Aufsagen von Gedichten, grammatische Uebungen, Aufsätze. *Dr. Bs.*

Religion, 2 St. Ausführliche Erklärung des zweiten Hauptstückes aus Luthers Katechismus; dabei wurden Sprüche und längere Abschnitte des N. T. gelernt, sowie Gesangverse. *Subr.*

Geschichte, 2 St. Griechische Geschichte und römische bis zur Kaiserzeit. *Dr. Sm.*

Geographie, 2 St. Schleswig-Holstein, Deutschland mit Nebenländern, Dänemark, Schweden, Norwegen, Russland. *Vt.*

Rechnen, 4 St. Grünfeld; Bruchrechnung, Zweisatz- und Dreisatzrechnung. *Vt.*

Zeichnen, 1 St. *Mück.*

# 6. Real-Classe II.

Englisch, 4 St. Crüger Lehrbuch der englischen Sprache, meist absolvirt; grammat. Uebungen. *Subr.*

Dänisch, 2 St. comb. mit Quarta.

Deutsch, 6 St. Lesen, Wiedererzählen, Memoriren von Gedichten; Aufsätze, meistens Uebersetzungen aus dem Dänischen; grammatische Regeln und Uebungen. *H.*

Religion, 2 St. comb. mit Quarta.

Geschichte, 2 St. Griechische Geschichte und römische bis Caesar und Pompejus. *Dr. Sm.*

Geographie, 2 St. Physik der Erde; Geographie von Amerika, Afrika, Asien. *Vt.*

Mathematik, 3 St. Planimetrie nach Fischer I. *H.*

Rechnen, 4 St. Nach Grünfeld Rechenbuch. *H.*

Naturwissenschaften, 4 St. Wirbelthiere, Gliederthiere; die bekanntesten einheimischen Pflanzen. *Br.*

Schreiben, 2 St. *M.*

Zeichnen, 1 St. *Mück.*

# 7. Quinta.

Lateinisch, 8 St. Kühner Elementargrammatik mündliche und schriftliche Uebungen. *Dr. Sm.*

Französisch, 2 St. Plötz Elementarbuch p. 1—45. *Vq.*

Dänisch, 2 St. Dorph Læsebog; wöchentlich eine schriftliche Arbeit, theils Uebersetzung, theils Erzählung. *Br.*

Deutsch, 2 St. Lesen und Erzählen, Aufsagen von Gedichten. wöchentlich kleine Aufsätze. *Dr. Sm.*

Religion, 3 St. im Sommer comb. mit Sexta; biblische Geschichten A. T., im Winter Luther Katechismus zweites Hauptstück mit zahlreichen Bibelstellen und Gesangversen. *Subr.*

Geschichte, 2 St. Erzählungen aus der mittleren und der neueren Geschichte bis zum siebenjährigen Krieg, mit besonderer Berücksichtigung der Landesgeschichte. *Dr. Sm.*

Geographie, 2 St. Physik der Erde; Geographie von Europa. Amerika, Afrika. *Vt.*

Rechnen, 4 St. Nach Grünfeld Rechenbuch. *M.*

Naturwissenschaften, 2 St. Gliederthiere und Weichthiere; Repetition der Wirbelthiere; die bekanntesten einheimischen Pflanzen. *Br.*

Schreiben, 2 St. *Vt.*

Zeichnen, 4 St. *Mück.*

## 8. Sexta.

Lateinisch, 8 St. Regelmässige Declination und Conjugation; Ostermann Uebungsbuch bis p. 45. *Vq.*

Dänisch, 3 St. Molbech Læsebog; wöchentlich eine schriftliche Arbeit, meistens Dictat. *Br.*

Deutsch, 3 St. Lese- und Sprech-Uebungen, Aufsagen von Gedichten, schriftliche Arbeiten theils nach Haider heurist. Gramm., theils Wiedererzählungen, theils nach Dictat. *Dr. Sm.*

Religion, 3 St. Vollständiger Cursus der biblischen Geschichte nach dem Calver Lehrbuch. Der kleine Katechismus wurde gelernt, das zweite Hauptstück kurz erklärt; dabei Gesänge und Bibelstellen. *Subr.*

Geschichte, 2 St. Erzählungen aus der griechischen und römischen Geschichte. *Dr. Sm.*

Geographie, 2 St. Europa; specieller durchgenommen Schleswig-Holstein, Deutschland, Dänemark. *Vt.*

Rechnen, 4 St. Nach Grünfeld Rechenbuch. *M.*

Naturwissenschaften, 2 St. Insecten, Säugethiere, Vögel. *Br.*

Schreiben, 2 St. *M.*

Zeichnen, 1 St. *Mück.*

## 8. Vorbereitungs-Classe.

Religion, 4 St. Biblische Geschichte. *M.*

Lesen, 8 St. Burgwardt erstes Schulbildungsbuch. *Vq.*

Rechnen, 4 St. Nach Grünfeld Rechenbuch. *M.*

Schreiben, 4 St. *M.*

# Oeffentliche Schulprüfung.

### Donnerstag den 22. März:

9 — 10. Sexta. Lateinisch; biblische Geschichte.
10 — 11. Quinta. Lateinisch; Rechnen.
11 — 12. Quarta. Lateinisch; Geschichte.

---

3 — 4. Real-Classe I. Französisch; Geographie,
4 — 5. Tertia. Xenophon; Geographie.
5 — 6. Real-Classe II. Englisch; Mathematik.

### Freitag den 23. März:

9 — 10. Prima. Sophocles; Mathematik.
10 — 11. Secunda. Cicero; Naturwissenschaften.
11 — 12. Vorbereitungs-Classe. Lesen; bibl. Geschichte.

---

## Freitag den 23. März, Nachmittags 3 Uhr:

# Schlussact; Declamation von Schülern; Rede.

---

Die Anmeldungen neuer Schüler für das kommende Halbjahr bitte ich in der stillen Woche beschaffen zu wollen; bis 12 Uhr werde ich täglich zu treffen sein. Die Prüfung der angemeldeten Schüler wird Montag den 9. April Morgens 10 Uhr stattfinden; der Unterricht beginnt Dienstag den 10. April Morgens 8 Uhr.

Zur Theilnahme an der angezeigten Schulprüfung, sowie an der Schlussfeierlichkeit werden hiemit die Eltern und Angehörigen der Schüler, die Behörden der Stadt und alle die, welche an der Schule und ihren Schülern ein Interesse nehmen, ehrerbietigst und geziemend eingeladen.

**Jessen,** Rector.

---

Druck von W. Augustin in Glückstadt.

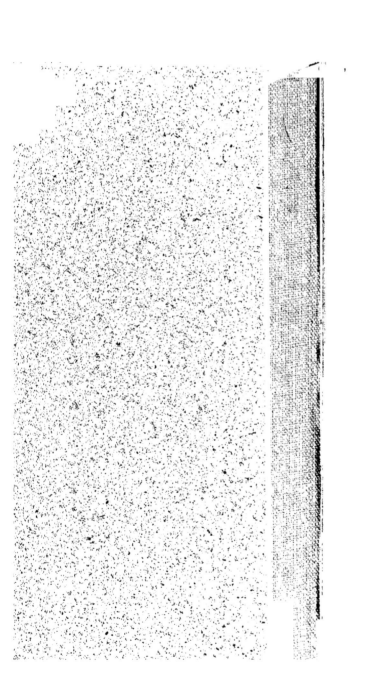

CPSIA information can be obtained
at www.ICGtesting.com
Printed in the USA
BVHW091734021118
531990BV00019B/1115/P